Jean-Claude Parfait Ekomi Aboue

L'EGLISE

Je Veux Te Servir Jésus

Éditions Croix du Salut

Imprint
Any brand names and product names mentioned in this book are subject to trademark, brand or patent protection and are trademarks or registered trademarks of their respective holders. The use of brand names, product names, common names, trade names, product descriptions etc. even without a particular marking in this work is in no way to be construed to mean that such names may be regarded as unrestricted in respect of trademark and brand protection legislation and could thus be used by anyone.

Cover image: www.ingimage.com

Publisher:
Éditions Croix du Salut
is a trademark of
International Book Market Service Ltd., member of OmniScriptum Publishing Group
17 Meldrum Street, Beau Bassin 71504, Mauritius
Printed at: see last page
ISBN: 978-613-7-37240-1

Jean-Claude Parfait Ekomi Aboue

L'EGLISE

L'EGLISE

OU

JE VEUX TE SERVIR JESUS

PRELUDE

Depuis ma conversion, jusqu'à aujourd'hui, j'ai eu à fréquenté plusieurs assemblées ; du au fait d'avoir eu à quitter mon pays pour l'étranger, à un moment donné. Et, durant ce temps, il m'avait fallu trouver une assemblée, qui répondrait à la soif, que le Saint-Esprit avait mise en moi.

A cause de l'appel au Ministère, je me suis retrouvé à exercer des responsabilités dans certaines assemblées, avec des constats souvent positifs et d'autres négatifs.

Mais dans tous les cas, mon esprit n'était pas satisfait du niveau de grâce et de gloire manifestés, dans la plupart des assemblées. Et, le Seigneur Jésus ne cessait de me rappeler d'organiser l'Eglise. Et de mettre à disposition, du Corps, ce livre intitulé : ***l'Eglise***.

Pour certains d'entre vous, vous avez déjà des ministères, et vous vous dîtes souvent que l'on ne peut rien vous apprendre. Mais, je vous demande humblement de le lire. Vous verrez que vous aurez appris, beaucoup de choses. Et pourrez donc, rectifier les choses à rectifier. Et sans fausse modestie, c'est ce qui arrivera lorsque vous 'aurez parcouru jusqu'à la fin.

Pour d'autres (vous qui avez des vocations), vous en comprendrez le fonctionnement, et vous marcherez toujours plus proche du Seigneur Jésus. Accomplissant, Sa volonté, tout en évitant les erreurs que nous rencontrons dans plusieurs de nos assemblées.

LA NAISSANCE DE L'EGLISE

Ma volonté a toujours été d'avoir, un appui sur la Terre. Une colonne, fixe et inébranlable, stable en tout temps. Et sur qui, Je pourrais dérouler tout Mon plan, sans redouter une défaillance à, un quelconque niveau.

Et dans le plan de la Création ; Adam devait incarner cette colonne, s'il avait eu à manger de l'arbre de Vie, au milieu du jardin. ***Cf Genèse 2 : 9***. Toutefois, dans le désir de voir le Ciel représenté de manière permanente, sur Terre, et pleinement manifesté, Je fis à nouveau Alliance avec l'Homme.

Mathieu 16 : 15 *Et vous leur dit-IL, qui dîtes-vous que Je suis ? Simon Pierre répondit : Tu es le Christ, le Fils du Dieu vivant. Jésus reprenant la parole, lui dit : tu es heureux, Simon, fils de Jonas ; car ce ne sont pas la chair et le sang qui t'ont révélé cela, mais c'est mon Père qui est dans les Cieux. Et Moi, Je te dis que tu es Pierre, et que sur ce roc (que Je suis le Christ, le Fils du Dieu vivant), Je bâtirai Mon Eglise, et que les portes du séjour des morts ne prévaudront point contre elle. Je te donnerai les clés du Royaume des Cieux : ce que tu lieras sur la Terre sera lié dans les cieux et ce que tu délieras sur la Terre sera délié dans les Cieux.* **Scofield**.

Je t'établis comme porte-parole de la Vérité sur la Terre. Montrant aux hommes comment vivre une vie qui plaise au Père. *Une ville située sur une montagne.* ***Cf Math5 : 14***. Et établissant, le Royaume partout, où tu t'installeras. De donner aux hommes le désir, de Me suivre par la qualité de ta vie : Sel de la Terre ***Cf Math 5 : 13 (a),*** et des grâces qui abondent en toi. Afin que Mon règne et Ma volonté soient pleinement établis et manifesté sur la Terre. ***Cf Math 6 : 10***.

Car, jusque-là, la Terre est sous la domination des puissances de l'Enfer. Et les hommes qui y habitent, s'y dirigent. Satan a aveuglé leur intelligence ***cf II Cor 3 :4***. Ils marchent tous sous sa puissance.

Cf Eph 2 :2.

Mais pour toi Eglise, ta mission est de les éclairé. Car tu es la lumière du monde. ***Cf Math 5 : 14(a).*** Leur montrer, le Chemin de la Vie ; de la Vie éternelle.

Jean 14 : 6 *Jésus lui répondit : Je suis le Chemin, la Vérité, la Vie. Personne ne peut aller au Père autrement que par Moi.* **Scofield**.

De faire des disciples, dans toutes les nations. ***Cf Math 28 : 19-20***. Des hommes qui Me craignent (aiment), qui Me respectent et M'obéissent. En Me suivant partout où, le Saint-Esprit les conduirait. Et que ces hommes aient la vie. Et qu'ils l'aient en abondance. ***Cf Jean 10 :10 (b)***. Qu'ils ne soient plus des proies, pour l'ennemi ***Cf I Pierre 5 : 8***. Mais des fils pour le Père. Conduis par le Saint-Esprit. Et pouvant, détruire les œuvres des ténèbres tout autour d'eux. ***Cf I Jean 3 : 8***.

L'EGLISE DEFINITION

L'Eglise est le Corps de Christ ; l'ensemble de tous les hommes, femmes, enfants sans distinction de races, et de langues qui ont confessés que Jésus est leur Sauveur et Seigneur.

Romains 10 : 10 *Car c'est en croyant du cœur qu'on parvient à la justice, et c'est en confessant de la bouche qu'on parvient au Salut, selon ce que dit l'Ecriture.* **Scofield**.

C'est le pont entre le Ciel, et la Terre. La plate-forme d'expression, au travers de laquelle, le Seigneur Jésus intervient sur la Terre, dans la vie des hommes. C'est la colonne de Vérité ; c'elle qui veille à ce que la Vérité, la droiture, la Justice, l'amour, le pardon, la réconciliation avec Dieu le Père soit toujours d'actualité, dans les cœurs des hommes. L'appui de Jésus, pour continuer Son œuvre sur la Terre, jusqu'à l'enlèvement.

Mathieu 28 : 18-20 *Jésus, s'étant approché, leur parla ainsi : Tout pouvoir M'a été donné dans le Ciel et sur la Terre.*

Allez, faîtes de toutes les nations des disciples, les baptisant au Nom du Père, du Fils et du Saint-Esprit.

Enseignez-leur à observer tout ce que Je vous ai prescrit. Et voici, Je suis avec vous tous les jours, jusqu'à la fin du monde. **Scofield**.

JESUS CHEF DE L'EGLISE

Jésus, Chef de l'Eglise ; décide des objectifs à atteindre, oriente toutes choses, ou décisions. IL est la Tête pensante de l'Eglise.

Ephésiens 5 : 23 *Christ est le Chef de l'Eglise qui est Son Corps.* **Scofield**.

Jésus, Chef de l'Eglise ; IL sait mieux que quiconque ce qu'IL veut, et ce qu'IL Lui plaît. Et, ce qu'il faut faire, pour y arriver.

Où veut-on en venir ?

Jean 3 : 6 *Ce qui est né de la chair est chair, ce qui est né de l'Esprit est esprit.* **Scofield**.

Nul ne connait le Fils, si ce n'est le Père et celui à qui le Père veut le révéler. **Cf Jean**.

Autrement dit, dans l'Eglise, il n'est pas question de bricoler le service, en se fiant sur ses propres pensées ou raisonnement. Il faut recevoir l'orientation, la direction de Jésus, par le Saint-Esprit.

Jean 16 : 13-14 *Quand le Consolateur sera venu l'Esprit de Vérité, IL vous conduira dans toute la Vérité ; Car IL ne parlera pas de Lui-même, mais IL dira tout ce qu'IL aura entendu et IL vous annoncera les choses à venir. IL Me glorifiera, parce qu'IL prendra de ce qui est à Moi, et vous l'annoncera.* **Scofield**.

Jésus, Chef de l'Eglise ; seul Sa parole a autorité, doit-être exécuté. Car, la vie est dans la Parole. Et suivre cette Parole (Rhéma ou révélation), c'est marché sur des sentiers tous tracés.

Jérémie 1 : 12 (b) *Car Je veille sur Ma parole, pour l'exécuter.* **Scofield**.

Et, c'est seulement, dans l'exécution de Sa volonté que Sa bénédiction est garanti à tous.

C'est très important ce que je dis. Vous ne pouvez pas vous lancer dans une activité, sans le consentement de votre Chef. Car, bien avant d'être votre Chef, IL est votre Seigneur.

Et donc, vous serez épanouis et rémunérés dans votre activité, parce que vous aurez accomplis Sa volonté. Ce qu'IL veut, ce qu'IL attend de vous et non ce que vous pensez ou voulez faire de vous-même.

Ainsi, l'église que vous êtes, et l'église locale que vous fréquentez pourra connaitre une croissance, à tous les niveaux. Si et seulement si, vous acceptez que *Jésus est le Chef*.

APPEL AU MINISTERE ET QUALIFICATION AU MINISTERE.

APPEL AU MINISTERE

Un appel est une orientation, dans un domaine, où dans un couloir particulier. Une volonté de voir la personne exercée, servir dans ce domaine.

Le Seigneur m'appelle dans le couloir de chantre, signifie que ce qui Lui ferait plaisir, ou accomplirait Sa volonté, se serait de me voir embrasser cette voie. Sans quoi, cela rendrait nul à mon égard le dessein du Père.

Luc 7 : 30 (b) *Les pharisiens et les docteurs de la Loi, en ne se faisant pas baptiser par Lui (en ne suivant pas la direction divine) ont rendu nul à leur égard le dessein de Dieu.* **Scofield**.

L'appel permet à la personne, de racheter le temps. De se focaliser sur l'orientation reçue du Seigneur. Il permet de ne pas se surcharger, par un excès de zèle qui, lui n'est, et ne sera pas récompensé.

Ephésien 2 : 10 *Ce que nous sommes, nous le devons à Dieu. IL nous a recréés en Christ, pour nous faire accomplir, dans la communion avec Lui, les bonnes actions qu'IL a préparées depuis longtemps pour nous. Voilà la vie conforme à la volonté de Dieu, celle pour laquelle, IL a tout arrangé d'avance ; IL a préparé notre chemin afin que nous n'ayons plus qu'à y marcher.* **Parole Vivante**.

Dire que le Seigneur m'a appelé, signifie que j'ai entendu Sa voix. Que la Parole du Seigneur m'a été révélée. Ce que je dois savoir, pour l'instant, IL me l'a révélé.

Jérémie 1 : 4 *La parole de l'Eternel me fut adressée, en ce mots.* **Scofield.**

Car, les choses cachées sont à Dieu et les révélées sont aux hommes. **Cf Deutéronome 29 : 29**.

Autrement dit, Ce qui L'intéresse dans ma vie, c'est ce pourquoi IL m'a appelé. La gloire de Dieu m'est promise seulement si, je suis l'orientation que j'ai reçue.

Mathieu 6 : 10 *Que Ton règne vienne, que Ta volonté soit faîte sur la Terre comme au ciel.* **Scofield**.

Ton règne, Ta gloire dans ma vie à cause de ce que j'ai accompli Ta volonté.

L'épanouissement, la joie, le bonheur, la paix, la justice, l'amour, la fidélité sont sur le chemin, de celui qui poursuit son appel.

LA MISE A PART

La mise à part, revêt deux formes : la première que l'on appellera la sanctification. Et la deuxième que l'on appellera la consécration. Dans le dictionnaire hébraïque, le terme utilisé est le même : ***Quodesh***. .
Mais, après explication, nous comprendrons pourquoi je nuance ce mot.

Qu'est-ce que la sanctification ?

Lisons

Hébreux 12 : 14 *Recherchez la paix avec tous et la sanctification, sans laquelle personne ne verra le Seigneur.* **Scofield.**

Lisons

Mathieu 5 : 8 *Heureux ceux qui ont le cœur pur, car ils verront Dieu.* **Scofield**.

La sanctification est donc, le fait d'avoir un cœur pur. Un cœur délivré de toute sorte de mal.

I Samuel 16 : 7 (b) *L'Eternel ne considère pas ce que l'homme considère ; l'homme regarde à ce qui frappe les yeux, mais l'Eternel regarde au cœur.* **Scofield**.

La pureté du cœur, un cœur bon. Car, il est question de la préparation au ministère.

Mathieu 12 : 34 (b)-35 *Car la bouche exprime ce dont le cœur est plein. L'homme bon tire de bonnes choses de son bon trésor (le trésor de son cœur). L'homme mauvais tire de mauvaises choses de son mauvais trésor.* **Français Courant 1997**.

Avoir un cœur pur, ou se sanctifier c'est, se rapprocher de ce que dit

I Corinthiens 13 : 4-7 *Celui qui aime est patient, il sait attendre ; son cœur est largement ouvert aux autres. Il est serviable, plein de bonté et de bienveillance ; il cherche à être constructif et se plaît à faire du bien aux autres. L'amour vrai n'est pas possessif, il ne cherche pas à accaparer, il est libre de toute envie, il ne connait pas la jalousie.*

Lorsqu'on aime, on ne cherche pas à se faire valoir, on n'agit pas de manière présomptueuse. Celui qui se rengorge, s'étale et s'enfle d'orgueil n'est pas inspiré par l'amour.

Aimer, c'est aussi se conduire avec droiture et tact. L'amour prend des égards et évite de blesser ou de scandaliser, il n'est pas dédaigneux.

Celui qui aime ne saurait agir à la légère ou commettre des actes inconvenants.

Aimer, c'est ne pas penser d'abord à soi, chercher son propre intérêt, insister sur ses droits.

L'amour n'est pas irritable, il ne s'aigrit pas contre les autres. Il n'est pas susceptible.

Quand on aime, on ne médite pas le mal et on ne le soupçonne pas chez les autres. Si on subit des torts, on n'en garde pas rancune.

Découvrir une injustice, ou voir commettre le mal, ne fait pas plaisir à celui qui aime. Il se place du côté de la Vérité et se réjouit lorsqu'Elle triomphe.

L'amour couvre tout : il souffre, endure et pardonne. Il sait passer par-dessus les fautes d'autrui.

Aimer, c'est faire confiance à l'autre et attendre le meilleur de lui, c'est espérer sans faiblir, sans jamais abandonner. C'est savoir tout porter, tout surmonter. **Parole Vivante**.

Donc, la mise à part dans un premier temps, consiste à faire de nos cœurs des habitations saintes qui plaisent au Saint-Esprit.

I Corinthiens 3 : 16-17 *Ne savez-vous pas que vous êtes le temple de Dieu, et que l'Esprit de Dieu habite en vous ? Si quelqu'un détruit le*

temple de Dieu, Dieu le détruira ; Car le temple de Dieu est saint, et c'est ce que vous êtes. **Scofield**.

I Corinthiens 6 : 19 *Ne savez-vous pas que votre corps est le temple du Saint-Esprit qui est en vous, que vous avez reçu de Dieu, et que vous ne vous appartenez point à vous-même ?* **Scofield**.

LA CONSECRATION

Dans un premier sens consacrer signifie, appartenir entièrement ou uniquement à quelqu'un. Dans le cadre où nous sommes, appartenir entièrement ou uniquement à Jésus.

Exode 20 : 2 (a) *Je suis l'Eternel Ton Dieu, qui t'ai fait sortir du pays d'Egypte, de la maison de servitude.*

Tu n'auras pas d'autres dieux devant Ma face. **Scofield**.

Deutéronome 18 : 13 *Tu seras entièrement à l'Eternel Ton Dieu.* **Scofield**.

I Pierre 2 : 9 *Mais vous vous êtes une race élue. Un corps de rois prêtres, vous constituez une nation sainte. Un peuple que Dieu s'est acquis en le libérant et qui Lui appartient...* **Parole Vivante**.

Le deuxième sens que revêt, le mot consécration est celui de : racheter le temps. De passer plus temps, dans l'accomplissement de son appel. Afin d'acquérir de l'habileté, dans ce à quoi nous sommes appelés. Car, le ministère ne peut être confié qu'à des hommes matures.

II Corinthiens 4 : 1 *C'est ce ministère (de l'esprit) que Dieu, dans Sa bonté, nous a confié. Voilà pourquoi nous nous y consacrons sans crainte ni défaillance...* **Parole Vivante**.

I Chroniques 25 : 1 ; 6-7 *David et les chefs de l'armée mirent à part pour le service ceux des fils d'Asaph, d'Heman et de Jeduthun qui prophétisaient en s'accompagnant de la harpe, du luth et des cymbales...*

Tous ceux–là étaient sous la direction de leurs pères pour le chant de la maison de l'Eternel, et avaient des cymbales, des luths et des harpes pour le service de la maison de Dieu. Asaph, Jeduthun et héman recevaient les ordres du roi.

Ils étaient au nombre de deux cent quatre-vingt-huit, y compris leurs frères exercés au chant de l'Eternel, tous ceux qui étaient habiles. **Scofield**.

QUALIFICATION AU MINISTERE

La qualification au ministère, résulte de la satisfaction ou pas du Seigneur Jésus à notre marche avec Lui. Qui dit marche, dit série d'épreuves.

Car, l'épreuve est la preuve, que je suis prêt ou pas encore. Une série de test où vous serez dans des situations embarrassantes vous sera proposée. Et vous serez mis devant, le feu de l'action donnant raison au Seigneur Jésus, de vous faire confiance ou pas selon que vous vous conduirez durant ces test ou épreuves.

Actes 10 : 10-16 *Or, il y avait à Damas un disciple nommé Ananias. Le seigneur lui dit dans une vision : Ananias ! Il répondit : me voici, Seigneur !*

Et le Seigneur lui dit : Lève-toi, va dans la rue qu'on appelle la droite, et cherche dans la maison de Judas, un nommé Saul de tarse.

Car il prie, et il a vu en vision un homme du nom d'Ananias, qui entrait, et qui lui imposait les mains, afin qu'il recouvre la vue. Ananias répondit :

Seigneur, j'ai appris de plusieurs personnes tous les maux que cet homme a faits à Tes saints dans Jérusalem.

Et il a ici des pouvoirs, de la part des principaux sacrificateurs, pour lier tous ceux qui invoquent Ton Nom.

Mais le Seigneur lui dit : Va, car cet homme est un instrument que J'ai choisi, pour porter Mon Nom devant les fils d'Israël ;

Et Je lui montrerai tout ce qu'il doit souffrir pour Mon Nom. **Scofield.**

II Corinthiens 6 : 4-10 *Mais nous nous rendons recommandables à tous égards, comme serviteurs de Dieu, par beaucoup de patience dans les tribulations, dans les calamités, dans les détresses,*

Sous les coups, dans les prisons, dans les séditions, dans les travaux, dans les veilles, dans les jeûnes ;

Par la pureté, par la connaissance, par la longanimité, par la bonté, par l'Esprit Saint, par un amour sincère,

Par la parole de Vérité, par la puissance de Dieu, par les armes offensives et défensives de la justice ;

Au milieu de la gloire et de l'ignominie, au milieu de la mauvaise et de la bonne réputation ; étant regardés comme imposteurs, quoique véridiques ;

Comme inconnus ; quoique bien connus ; comme châtiés, quoique non mis à mort ;

Comme attristés, et nous sommes toujours joyeux ; comme pauvres, et nous enrichissons plusieurs ; comme n'ayant rien, et nous possédons toutes choses. **Parole Vivante.**

Apocalypse 2 : 19 *Je sais parfaitement ce que tu as fait ; Je connais ton amour, ta foi, ta fidélité et ta constance dans l'épreuve : tes activités récentes surpassent celles du début.* **Parole Vivante.**

Apocalypse 3 : 8 *Je connais tes œuvres. Ecoute : J'ai ouvert devant toi une porte que personne ne peut refermer. Tu n'as que peu de force Je le sais, pourtant tu as suivi fidèlement Mes instructions et tu ne M'as pas renié.* **Parole Vivante.**

Hébreux 5 : 7-9 *Au cours de Sa vie sur Terre, Jésus a fait monter vers Celui qui aurait pu Le sauver de la mort, des prières et des supplications. Dans une agonie de pleurs, IL a jeté un grand cri. A cause de Son humble soumission à la volonté de Dieu, IL a été exaucé.*

Quoique Fils de Dieu, IL a été obligé d'apprendre l'obéissance à l'école de la souffrance.

C'est ainsi qu'IL est devenu pour tous ceux qui Lui obéissent, l'Auteur d'un salut éternelle. **Parole Vivante.**

Seul l'épreuve de votre foi, peut et pourra vous prouvez à vos yeux ce que vous êtes réellement ; votre valeur. Et donc, justifier la direction divine, que vous aurez reçue auparavant.

Job 1 :8 *L'Eternel dit à Satan : As-tu remarqué Mon serviteur Job ? Il n'y a personne comme lui sur la Terre ; c'est un homme intègre et droit craignant Dieu, et se détournant du mal ?*

Et Satan répondit à l'Eternel : Est-ce d'une manière désintéressée que Job craint Dieu ?

Ne l'as-Tu pas protégé, lui, sa maison, et tout ce qui est à lui ? Tu as béni l'œuvre de ses mains, et ses troupeaux couvrent le pays.

Mais étends Ta main, touche à tout ce qui lui appartient, et je suis sûr qu'il Te maudit en face.

Et l'Eternel dit à Satan : Voici, tous ce qui lui appartient, Je te le livre ; seulement, ne porte pas la main sur lui. Et Satan se retira de devant la face de l'Eternel. **Scofield**.

L'EQUIPEMENT

Je suis entrain d'écrire ce livre et avec quel sérieux ! Je ressens au-dedans de mon esprit, que vous qui avez la grâce de le parcourir devrez avoir la même attitude (en ce qui concerne le ministère).

LE BRISEMENT

- Lorsque le Seigneur appelle, IL équipe.

L'équipement constitue, dans un premier temps à être brisé.

- Lorsque le Seigneur appelle, IL équipe.

IL enlève en tous ce qui ne Lui plaît pas, en nous. Qui ne favoriserait pas, Son action dans nos vies et dans le ministère.

Mathieu 15 : 13 *IL leur répondit : - Toute plante que Mon Père céleste n'a pas Lui-même plantée sera arrachée.* **Parole Vivante**.

Le Seigneur m'a équipé signifie, qu'IL m'a brisé tel, un petit enfant. Désormais, j'ai accès à Sa Présence.

Mathieu 18 : 3 *(Jésus) dit : Vraiment, Je vous l'assure : si vous ne vous convertissez pas et ne redevenez pas comme de petits enfants, Vous ne pourrez jamais entrer dans le Royaume des Cieux.* **Parole Vivante.**

Evidemment,

Jacques 4 : 6 (b) *Dieu résiste aux orgueilleux, mais IL fait grâce aux humbles.* **Scofield**.

Quel type de Serviteurs pour le ministère ?

Luc 17 : 7-10 – *Supposons que l'un de vous ait un esclave occupé à labourer ou à garder le troupeau. Lorsque vous le voyez rentrer des champs, est-ce que vous allez lui dire : Viens vite, assieds-toi à table ?*

Ne lui dîtes-vous pas plutôt : prépare-moi mon dîner, mets-toi en tenue pour me servir, jusqu'à ce que j'ai fini de manger et de boire ; ensuite tu mangeras et tu boiras à ton tour ?

Le maître doit-il reconnaissance particulière à cet esclave parce qu'il a fait ce qui lui était commandé ? Je ne le pense pas.

Qu'il en soit de même pour vous ! Quand vous aurez fait tout ce qui vous est commandé, dîtes : Nous ne sommes que des serviteurs, nous n'avons aucun mérite particulier : nous n'avons fait que notre devoir. **Parole Vivante.**

Que veux-je dire par-là ?

Seul celui qui a eu part au brisement ; celui qui a été brisé peut avoir part à un ministère public.

Donc, dans la vie de cette personne, le Seigneur aura enlevé les suffisances fondées sur la chair, à savoir : les titres, les positions, les compétences, les qualités, la prestance, l'éloquence et j'en passe. Et l'aura brisé au point, où elle se verrait incapable d'accomplir quoique ce soit d'elle-même.

Actes 7 : 22 *Moïse fut instruit dans toute la sagesse des Egyptiens, et il était puissant en paroles et en œuvres (actions).* **Scofield.**

Actes 7 : 22 *C'est ainsi que Moïse fut initié à toute la science des Egyptiens et qu'il devint un habile orateur, aussi bien qu'un homme d'action remarquable.* **Parole Vivante.**

Exodes 4 : 10 *Moïse dit à l'Eternel : Ah ! Seigneur je ne suis pas un homme qui ait la parole facile, et ce n'est ni d'hier, ni d'avant-hier, ni même depuis que Tu parles à Ton serviteur ; car j'ai la bouche et la langue embarrassées.* **Scofield.**

Et que dit le Seigneur ?

Exode 4 :11-12 *L'Eternel lui dit : Qui a fait la bouche de l'homme ? Et qui rend muet ou sourd, voyant ou aveugle ? N'est-ce pas Moi, l'Eternel ?*

Va donc, Je serai avec ta bouche et Je t'enseignerai ce que tu auras à dire. **Scofield.**

II Corinthiens 12 : 7-10 *D'ailleurs, pour me garder de m'enorgueillir indûment de ces révélations extraordinaires, il m'a été donné une épreuve physique, un messager de Satan chargé de me frapper pour que je ne m'élève pas trop haut.*

J'ai bien prié le Seigneur par trois fois de l'éloigner de moi,

Mais IL m'a répondu Ma grâce est suffisante pour toi, c'est dans la faiblesse que Ma puissance donne toute Sa mesure. C'est pourquoi je veux mettre ma fierté avant tout dans mes infirmités et mes faiblesses, afin que la puissance du Christ vienne sur moi et fasse Sa demeure en moi.

Aussi je trouve ma joie dans les souffrances, les infirmités, les insultes, les privations, les persécutions et les angoisses, puisque c'est au service du Christ et pour Lui que je les endure. C'est lorsque je me sens faible que je suis réellement fort. **Parole Vivante.**

Philippiens 4 : 11-13 *Ce n'est pas le dénuement qui me dicte ces paroles, car j'ai appris à me contenter de mon sort en toutes circonstances.*

Je sais me restreindre et subsister dans la disette et l'humiliation, je sais aussi jouir de l'abondance. Je suis familiarisé avec toutes les situations, j'ai appris à être rassasié et à avoir faim, je sais vivre dans le bien-être et dans les privations.

Je peux tout dans la communion de Celui qui est la Source de ma force. **Parole Vivante**.

Donc, il est indispensable pour ceux qui sont appelés à un ministère publique, d'avoir part au brisement et d'aller jusqu'au bout de l'épreuve. Afin de donner, le meilleur du fruit qu'il y a en eux.

Oups ! J'oubliais, le brisement, de le définir.

Définition

Le brisement c'est le fait d'être brisé. D'être rendu semblable à un verre qui tpmberait sur le sol. Et dont, les morceaux ne peuvent plus être raccordés. Tout ceci, pour que vous ne soyez plus réactif à la chair et ses passions.

⟶ Donc, de la qualité de votre fruit s'édifiera et/ou se construira l'édifice que vous batissez en collaboration avec le Saint-Esprit.

LES DONS DU SAINT-ESPRIT

Le deuxième aspect de l'équipement, est celui qui consiste à recevoir les dons spirituels qui accompagneront notre ministère. Seulement, cela ne nécessite pas un si grand effort.

Car, il est écrit

I Corinthiens 12 :11 *Mais tout cela est l'œuvre d'un seul et même Esprit qui distribue à chacun son don comme IL l'entend.* **Parole Vivante**.

Et souvent, nous pouvons Lui demander d'autres dons, que nous voulons Le voir manifester en nous. Pourvu que ce soit seulement, pour l'utilité commune.

I Corinthiens 12 : 31 (a) *Aspirez aux dons les meilleurs et les plus utiles d'entre eux.* **Parole Vivante**.

Jacques 1 : 5 (b) *IL distribue Ses dons généreusement et en toute simplicité, sans adresser le moindre reproche.* **Parole Vivante**.

SPECIFICITE DE CHAQUE DONS

I Corinthiens 12 : 7-11 *En chacun de nous, l'Esprit se manifeste d'une façon particulière, mais les dons qu'IL nous accorde nous sont toujours conférés en vue du bien commun.*

C'est pour être utile aux autres que l'Esprit donne à l'un une parole pleine de sagesse qui lui permet de prodiguer des conseils précieux pour la vie quotidienne ; à l'autre, l'Esprit confie un message qui enrichit les connaissances et expose avec clarté le plan de Dieu.

Un autre reçoit du même Esprit une foi qui peut opérer des prodiges ; à un autre ce même Esprit accorde des dons pour guérir des malades.

Un autre encore a le pouvoir de faire des miracles ; un tel a reçu le don d'interpréter et d'exposer la volonté de Dieu ; un autre sait distinguer ce qui vient de l'Esprit divin de ce qui émane de mauvais esprits. Ici quelqu'un parle et loue Dieu dans des langues inconnues ; là, un autre interprète ces langues et traduit ce que dit le premier en paroles intelligibles.

Mais tout cela est l'œuvre d'un seul et même Esprit qui distribue à chacun son don comme IL l'entend. **Parole Vivante**.

!!! Je vais uniquement dans cette partie m'attarder, sur trois dons particuliers. Car, j'estime que le passage sélectionné si, l'on y prête attention a déjà eu, à nous révéler les spécificités des uns et des autres. Je voudrais seulement, apporter une explication supplémentaire sur ces trois dons.

LE DON DE FOI

Le don de foi est différent de la foi que parle,

Ephésiens 2 : 8 *Car c'est par la grâce que vous êtes sauvés, par le moyen de la foi. Et cela ne vient pas de vous, c'est le don de Dieu.* **Scofield**.

Ou encore, de celle que parle,

Mathieu 8 : 10 *Après l'avoir entendu, Jésus fut dans l'étonnement, et IL dit à ceux qui Le suivaient : Je vous le dis en vérité, même en Israël Je n'ai pas trouvé une aussi grande foi.* **Scofield**.

La foi que parlent ces deux passages, est le fond du cœur de chaque homme. C'est-à-dire, la confiance que chacun manifeste devant la Parole ; devant Jésus ; devant ce que l'on a entendu.

Romains 10 : 17 *Ainsi la foi vient de ce qu'on entend, et ce qu'on entend vient de la parole de Christ.* **Scofield**.

Tandis que, le don de foi est le fait que Dieu te prête sa vue par rapport à la situation par laquelle tu passes, en temps de crise ou de problème majeur. Pour que tu restes stable, inébranlable et imperturbable.

Apocalypse 2 : 13 *Je sais où tu demeures, Je sais que là est le trône de Satan. Tu retiens Mon Nom, et tu n'as pas renié ma foi, même au jour d'Antipas, Mon témoin fidèle, qui a été mis à mort chez vous, là où Satan a sa demeure.* **Scofield**.

Seulement, le fait de posséder le don de foi, ne signifie pas que vous ne ressentiriez pas les douleurs dans votre chair. Vous ressentirez tous ce dont, vos ennemis libèrent contre vous. Mais, il aura la particularité de garder vos yeux fixés sur Jésus. Et, non sur la douleur.

Actes 7 : 55- 60 *Mais Etienne, rempli du Saint-Esprit, et fixant les regards vers le Ciel, vit la gloire de Dieu et Jésus debout à la droite de Dieu.*

Et il dit : Voici, je vois le Fils de l'Homme debout à la droite de Dieu.

Ils poussèrent alors de grands cris, en se bouchant les oreilles, et ils se précipitèrent tous ensemble sur lui,

Le traînèrent hors de la ville, et le lapidèrent. Les témoins déposèrent leurs vêtements aux pieds d'un jeune homme nommé Saul.

Et ils lapidaient Etienne, qui priait et disait : Seigneur Jésus, reçois mon esprit !

Puis, s'étant mis à genoux, il s'écria d'une voix forte : Seigneur, ne leur impute pas ce péché ! Et après ces paroles, il s'endormit. **Scofield**.

Mais, sitôt la situation de crise passé, que nous revenons à la foi classique. C'était important de savoir cela.

LE DON DE MIRACLE

Le don de miracle est un don qui défie, les lois de la nature. Tous ce qui ne peut pas être admis, par la logique humaine devient réalisable par le don de miracle. Il est en arrière-plan soutenu par le don de foi. Evidemment, même pour faire un miracle divin, il nous faudrait que Dieu nous prête toujours Sa vue de la situation.

Exode 15-16 *L'Eternel dit à Moïse : Pourquoi ces cris ? Parle aux enfants d'Israël et qu'ils marchent.*

Toi, lève ta verge, étends ta main sur la mer, et fends-la ; et les enfants d'Israël entreront au milieu de la mer à sec. **Scofield**.

Mathieu 17 : 20 ... *Je vous le dis en vérité, si vous aviez de la foi comme un grain de sénevé, vous diriez à cette montagne : Transporte-toi d'ici là, et elle se transporterait ; rien ne vous serait impossible.* **Scofield**.

LE DON DES GUERISONS

Le don des guérisons, comme son nom l'indique a pour but de nous guérir de toutes nos maladies quel quelles soient. Donc, c'est le moyen qu'utilisera le Saint-Esprit pour que dans l'Eglise, il n'y ait pas de malades.

Psaumes 107 : 20 *IL envoya Sa Parole et les guérit, IL les fit échapper de la fosse.* **Scofield**.

Actes 5 : 14-15 *Le nombre de ceux qui croyaient au Seigneur, hommes et femmes augmentait de plus en plus ;*

De sorte qu'on apportait les malades dans les rues et qu'on les plaçait sur des lits et des couchettes, afin que, lorsque Pierre passerait, son ombre au moins en couvre quelques-uns. **Scofield**.

RECAPITULATIF

On peut résumer que l'équipement consiste à être brisé, dans un premier temps. Ce qui revient à avoir, la nature du Seigneur Jésus pleinement manifestée, selon le niveau de brisement atteint en nous.

Dans un second temps, l'équipement revient à recevoir les dons spirituels du Saint-Esprit, pour un ministère utile à d'autres ; au bénéfice de l'Homme, pour la gloire de Jésus.

Genèse 1 : 26 *Puis Dieu dit : faisons l'homme à notre image, selon notre ressemblance. Et qu'il domine.* **Scofield**.

Image ⟶ Nature

Domination ⟶ Puissance.

MINSTERE D'EDIFICATION

RESPONSABILITES DEVANT JESUS

Le ministère est une affaire sérieuse. C'est une chose à laquelle, on ne peut s'amuser ou s'improviser.

C'est le moyen par lequel, Jésus met le Ciel en mouvement derrière ses saints, et pour le salut des hommes.

C'est l'ouverture que Jésus Se donne sur la Terre, pour Se révéler ; qui IL est. Et accomplir Son plan caché de toute éternité.

Je vous en supplie, comprenez cette responsabilité qu'est le ministère. Comprenez ce qui est dit. Et humiliez-vous sous la main puissante du Très-Haut.

L'Eglise est trop en retard sur les œuvres qu'Elle est censée accomplir pour sa génération. L'heure n'est plus à la rêverie.

Laissez-vous conduire, par le Saint-Esprit. Ecoutez, le Saint-Esprit n'est pas venu en vacance sur Terre. IL est venu glorifier Jésus, notre Seigneur. Pourquoi, voulez-vous l'obliger à des congés forcés ? Pourquoi faîtes-vous de la Présence du Saint d'Israël, quelque chose de banale ?

Ressaisissez-vous, il y a du travail et beaucoup de travail à accomplir sur Terre. Mais pour cela, J'ai besoin d'une Eglise qui collabore avec Moi. Rachetez le temps, pour que l'on y arrive tous ensemble à cette objectif qui est de révélé Jésus à cette génération. Et laissé Sa gloire remplir à nouveau la Terre, comme au temps d'autrefois. Je compte sur vous pour cela.

FONDEMENT

Tout service fait dans l'Eglise est issus de la Parole ; donc de Jésus. Mais dans tous ces services, certains particulièrement servent à bâtir des vies, changer des cœurs ou sauvés des âmes par l'écoute d'un langage parlé. C'est ce que nous appellerons ici ministère d'édification communément appelé, ministère de la Parole.

Il existe six ministères d'édifications. Mais, le sixième n'est pas explicitement marqué dans la Bible. Seulement, lorsque nous nous laissons conduire par le Saint-Esprit, nous le comprenons fort bien.

Donc, nous verrons ces ministères. Avec des profondeurs relatives à chacun d'eux.

Quels sont ces ministères ?

Il s'agit des ministères:

- Apostolique
- Prophétique
- Evangélique
- Pastorale
- D'Enseignement
- Chantre.

Pour certains, il est plus facile d'accepter les cinq premiers, car cela est mentionné clairement dans le livre

Ephésiens 4 : 11-*13* *Ces dons aux hommes sont variés. IL nous a donné certains frères comme apôtre, d'autres comme porte-parole de Dieu, d'autres comme évangélistes, d'autres encore comme bergers et enseignants.*

Tous ces dons ont été accordés pour le perfectionnement des chrétiens afin qu'ils soient tous convenablement équipés pour leur service et que

chacun soit rendu capable d'exercer son ministère en vue de la formation du Corps de Christ.

IL nous a donné ces frères pour que nous parvenions à une réelle unité par le moyen de la foi et d'une parfaite connaissance du Fils de Dieu, que nous devenions majeurs en atteignant une virile maturité, que notre personnalité atteigne son plein épanouissement sur le modèle du Christ et que tous ensemble nous formions cet homme parfait qui constitue la plénitude qui nous vient du Christ. **Parole Vivante**.

Mais, si nous gardons en mémoire la définition du ministère d'édification, et de l'importance de la Louange et Adoration dans le cœur du Père. Sans oublier que dans les siècles à venir ou dans l'éternité, seul la louange et l'adoration demeureront de tous ces cinq ministères précités, comme ministère d'édification. Il nous est alors plus aisé de l'accepter comme tel.

I Corinthiens 13 : 8 *L'amour n'aura pas de fin. Les prédications inspirées passeront, les prières en langues cesseront et toutes nos connaissances s'évanouiront.* **Parole Vivante**.

L'amour ⟶ Louange/Adoration.

Apocalypse 5 : 13-14 *Et toutes les créatures qui sont dans le Ciel, sur la Terre, sous la Terre, sur la mer, et tout ce qui s'y trouve, je les entendis qui disaient : A celui qui est assis sur le Trône, et à l'Agneau, soient la louange, l'honneur, la gloire, et la force, aux siècles des siècles !*

Et les quatre êtres vivants disaient : Amen ! Et les vieillards se prosternèrent et adorèrent. **Scofield**.

LE MINISTERE APOSTOLIQUE

Pour l'implantation de l'Eglise, en milieu hostile à l'évangile. Ou encore, dans des coins reculés, avec création des cellules de prières et église locale, c'est l'apôtre qui est chargé de cette mission.

Mathieu 10 : 16 (a) *Rappelez-vous que Je vous envoie comme des brebis au milieu des loups.* **Parole Vivante.**

Lui seul est mieux aguerrit, donc préparé ou qualifié pour répondre à cette mission.

Colossiens 1 : 23 (b)-25 ;29 *Cette bonne nouvelle que vous avez entendue a été publiée parmi toutes créatures sous le Ciel, et moi, Paul, j'en suis devenu le messager.*

C'est là ce qui fait ma joie, même si je dois souffrir pour vous. Je me réjouis de pouvoir ainsi, dans mes souffrances terrestres (qui sont aussi celles de Christ) accomplir ce qui reste à faire pour le douloureux enfantement de l'Eglise qui est Son Corps.

IL m'a donné mission d'annoncer partout Sa Parole dans toute Sa plénitude.

Voilà pourquoi, tel un lutteur, je tends mon être et je travaille avec acharnement en me confiant dans les forces que me donne Celui qui agit puissamment en moi. **Parole Vivante.**

II Timothée 3 : 11 *Tu as été témoin des persécutions et des souffrances que j'ai endurées à Antioche, à Iconium, à Lystre. Quelles attaques en effet n'ai-je pas eu à supporter ! Et, chaque fois le Seigneur m'en a délivré.* **Parole Vivante.**

Explications

Par implanté l'Eglise, on entend, établir une représentation du Royaume des Cieux, dans le lieu choisi. Pour arriver à faire des disciples dans cette zone, village, ville, ou pays.

Mathieu 28 : 18-20 *Alors Jésus s'approcha d'eux et leur parla ainsi : J'ai reçu les pleins pouvoir au Ciel et sur la Terre.*

Allez donc dans le monde entier, faîtes des disciples parmi tous les peuples, baptisez-les au Nom du Père, du Fils et du Saint-Esprit.

Et apprenez-leur à observer tout ce que Je vous ai prescrit. D'ailleurs soyez-en persuadés : Je suis Moi-même avec vous chaque Jour, jusqu'à la fin du monde. **Parole Vivante.**

Romains 15 : 20-21 *Et je me suis fait honneur d'annoncer l'Evangile là où Christ n'avait point été nommé, afin de ne pas bâtir sur le fondement d'autrui, selon qu'il est écrit :*

Ceux à qui il n'avait point été annoncé verront, Et ceux qui n'en avaient point entendu parler comprendront. **Scofield.**

Son but

Créé un noyau de frères et sœurs dans la région, qui après avoir reçu Jésus comme Seigneur et Sauveur de leurs vies, va constituer la base par laquelle le Royaume des Cieux pourra, agir et s'étendre.

Romains 11 :16 *En effet, si les prémices du pain offert à Dieu sont saintes, toute la pâte le devient. Si la racine est dédiée à Dieu, les branches aussi Lui appartiennent.* **Parole Vivante.**

Note : (Car la consécration d'une partie d'un objet consacre l'objet entier à Dieu) **Parole Vivante.**

Une chose est certaine dès lors, où se noyau est constitué, il laissera l'assemblé ou l'église locale sous la charge d'un pasteur.

I Corinthiens 3 : 10 *Conformément à la mission que Dieu, dans Sa grâce, m'a assignée et selon les capacités qu'IL m'a données, j'ai posé chez vous le fondement selon les règles de l'art, comme architecte qui connait son métier. A présent, quelqu'un d'autre continue la construction et bâtit sur ce profondément.* **Parole Vivante**.

Donc, l'apôtre est l'instrument que le Seigneur utilise pour étendre le Royaume des Cieux partout sur la Terre. Pour élargir, l'espace de la tente de l'Eglise partout sur la Terre.

Marc 16 : 15-16 *Puis IL leur dit : Allez par tout le monde, et prêcher la bonne nouvelle à toute la Création.*

Celui qui croira et qui sera baptisé sera sauvé, mais celui qui ne croira pas sera condamné. **Scofield**.

A n'en point douter dans ce domaine, il est le mieux placé.

I Corinthiens 15 : 10 *Par la grâce de Dieu je suis ce que je suis, et Sa grâce envers moi n'a pas été vaine ; loin de là, j'ai travaillé plus qu'eux tous, non pas moi toutefois, mais la grâce de Dieu qui est avec moi.* **Scofield**.

Conseil

Lorsque Jésus nous fait grâce d'intercéder pour l'Eglise dans les zones difficiles, hostiles, comme les pays musulmans, ou dans des pays régis par la dictature, nous prions généralement, pour l'envoie d'apôtres dans ces régions ou zones. Mais aussi, que le don de foi soit communiquer aux frères et sœurs dans ces régions, au-delà des persécutions pour qu'ils conservent, l'héritage que Jésus nous a acquis par Son Sang : la Vie éternelle.

Mathieu 9 : 35-37 *Jésus parcourait toutes les villes et tous les villages, IL enseignait dans les synagogues, proclamait la Bonne Nouvelle du Règne de Dieu et guérissait toutes sortes de maladies et d'infirmités.*

En voyant les foules, IL était bouleversé : Une profonde pitié s'emparait de Lui, car elles étaient comme des brebis abandonnées n'ayant pas de bergers, déprimées, harassées et abattues.

Alors IL dit à Ses disciples : - Quelle moisson abondante et si peu d'ouvriers pour la rentrer ! Demandez donc au Seigneur à qui appartiennent le champ et la moisson, qu'IL envoie des ouvriers pour rentrer Sa récolte. **Parole Vivante.**

Donc, Jésus était triste en ce temps de voir comment Son Peuple souffrait. Et pour y remédier, IL nous a fait des dons.

Ephésiens 4 : 8 *c'est pourquoi il est dit : Etant monté dans les hauteurs, IL a emmené des captifs, Et IL a fait des dons aux hommes.* **Scofield**.

Donc, le besoin de Jésus pour l'Eglise était que, l'Eglise prie le Maître de la moisson, pour qu'IL envoie des ouvriers. Des ouvriers ? Oui, des ouvriers qualifiés à la tâche qui leur est soumise.

Ainsi, seul le ministère apostolique pourrait avoir de meilleurs résultats, dans ces régions du monde. Mais aussi, dans ces cas de figures. Cela aura pour conséquence, de favoriser l'action des autres ministères.

LE MONDE PROPHETIQUE

LA VOIX PROPHETIQUE DANS L'EGLISE LOCALE

Il écrit dans le

Psaumes 11 : 4 *L'Eternel est dans Son saint Temple, l'Eternel a Son Trône dans les Cieux ; Ses yeux regardent, Ses paupières sondent les fils de l'homme.* **Louis Segond 1975**.

Mais aussi, que Son regard parcourt la Terre entière. Cf

Donc, IL a des yeux, IL voit. IL a une bouche, IL veut parler. Et pour cela, IL s'est choisi un service spécial, appelé Ministère de révélation ou prophétique.

La voix prophétique ne peut donc, pas être éteinte dans l'église locale. C'est le seul ministère qui soit en amabilité, de donner avec fréquence régulière l'état de santé spirituel d'un peuple, des hommes qui le constitue ou d'une nation. Et de permettre à ce que l'Eglise élève des mains pures vers le Père, pour qu'IL agisse en faveur des hommes.

I Timothée 2 : 1-2 *J'exhorte donc, avant toutes choses, à faire des prières, des supplications, des requêtes, des actions de grâces, pour tous les hommes,*

Pour les rois et pour tous ceux qui sont élevés en dignité, afin que nous menions une vie paisible et tranquille, en toute piété et honnêteté. **Louis Segond 1975**.

Comment l'Eglise pourra-t-elle élever sa voix sans direction précise ?

Il faut forcement une révélation, ou orientation précise sur le sujet de notre prière. Car, la prière ne consiste pas à perler simplement avec Dieu. Mais plutôt, à résoudre des problèmes que nous vivons ou rencontrons. Et, l'intercession à résoudre les problèmes que rencontre une tierce personne, un pays, ou des peuples ; en plaidant leurs cas devant le Seigneur.

Tandis que, la communion sert plutôt à échanger de tout ce qui remplit nos cœurs avec Son Ami. De passer du temps avec Lui : avec Jésus ou le Saint-Esprit.

Donc, s'il faille prier ou intercéder, cela nécessite des directions. Et, le ministère prophétique est mieux placé pour ses orientations ou directions divines. Pour des intercessions avec efficacité dans l'église locale, le prophète apparait comme celui qui est le mieux placé, avec le pasteur (...). La parenthèse que je viens de mettre, a tout son sens.

Nombre 11 : *29* *Moïse lui répondit : Es-tu jaloux pour moi ? Puisse tout le peuple de l'Eternel être composé de prophètes ; et veuille l'Eternel mettre Son Esprit sur eux !* **Scofield**.

Si du moins, vous voulez prier sur la volonté même du Seigneur sur le moment précis, concernant le ministère, la nation ou les dangers qui guettent le peuple, les ennemis qui projettent des choses contre vous ou vos collaborateurs ou l'œuvre dont vous avez la charge, la voix prophétique de l'église locale doit être opérationnelle.

II Rois 6 : 8-12 *Le roi de Syrie était en guerre avec Israël, et dans un conseil qu'il tint avec Ses serviteurs, il dit : Mon camp sera dans un tel lieu.*

Mais l'homme de Dieu fit dire au roi d'Israël : Garde-toi de passer dans ce lieu, car les syriens y descendent.

Et le roi envoya des gens, pour s'y tenir en observation, vers le lieu que lui avait mentionné et signalé l'homme de Dieu. Cela arriva non pas une fois ni deux fois.

Le roi de Syrie en eut le cœur agité ; il appela ses serviteurs, et leur dit : Ne voulez-vous pas me déclarer lequel de nous est pour le roi d'Israël ?

L'un de ses serviteurs répondit : Personne ! O roi mon seigneur ; mais Elisée, le prophète qui est en Israël, rapporte au roi d'Israël les paroles que tu prononces dans ta chambre à coucher. **Scofield**.

J'insiste c'est le ministère même que le Seigneur Jésus, s'est choisi dans le domaine de la révélation de Sa pensée cachée, des choses cachées dont IL veut porter à la connaissance de Son peuple ou de Son Eglise.

Deutéronome 29 :29 (a) *Les choses cachées sont à l'Eternel, notre Dieu ; les choses révélées sont à nous et à nos enfants.* **Scofield**.

Vous ne voulez pas passer du temps, dans des intercessions dans l'église locale qui n'ont pas de fruits. Et ressortir comme n'ayant pas obtenu gain de cause, assurance ou certitude, que le prophète évidemment mature dans la foi, dirige les temps d'intercessions dans l'église locale.

Sinon, à défaut, que tout le monde soit conduis par le Saint-Esprit. Et même là, cela n'aura pas la même efficacité.

C'est à juste titre que l'apôtre Paul ait demandé aux frère et sœur dans

I Corinthiens 14 : 39 … *Recherchez ardemment le don d'apporter des messages inspirés par Dieu.* **Parole Vivante**.

Et le Seigneur de dire

Ezéchiel 3 : 17 *Fils de l'homme, Je t'établis comme sentinelle sur la maison d'Israël. Tu écouteras la parole qui sortira de Ma bouche, et tu les avertiras de ma part.* **Scofield**.

Par conséquent, on a tout à gagner à suivre cette voie.

Le Hic ! Je sais nombre de problème qu'a eu à causer ce ministère par le passé. Mais, jusqu'à preuve du contraire, Dieu ne l'a pas abrogé. Ne faisons pas de l'ordonnance, que nous avons eu à prendre pour refreiner le désordre qui s'installait derrière ce ministère, pour en faire un commandement du Seigneur.

Evidemment,

Genèse 1 : 31 (a) *Dieu vit tout ce qu'IL avait fait et voici, cela était très bon.* **Scofield**.

Donc, le ministère en lui-même, ne cause pas de problème. Il faudrait simplement, enseigner aux ministres de Dieu, comment parvenir au discernement des esprits et, à la sagesse divine, pour exercer ce ministère. Nous sommes ainsi d'accord, pour ne pas tenter à nouveau de le supprimer de l'église locale.

Bien, le décor étant planté, on peut alors étudier quelques aspects essentiels de ce ministère.

MINISTERE PROPHETIQUE

Le ministère prophétique, ou ministère de révélation, comme son nom l'indique est suscité pour révéler et dévoiler, ce qui est cachée. Pour amener à la lumière du jour, les choses que le Seigneur voudrait que l'on sache.

Deutéronome 29 :29 (a) *Les choses cachées sont à l'Eternel, notre Dieu ; les choses révélées sont à nous et à nos enfants.* **Scofield**.

Mathieu 10 : 26 (b) *Car tous ce qui se fait sous le voile du secret sera dévoilé au grand jour. Et tout ce qui reste caché pour le moment finira par être connu.* **Parole Vivante.**

Car,

Job 28 : 11 (b) *IL produit à la Lumière ce qui est caché*. **Scofield**.

Dans quel but ?

Pour rassurer le peuple, stabiliser leur foi, les amener à réaliser que le Seigneur voit tout ce qui se passe et est au contrôle de toutes choses. Car, cette situation qu'il vit dans le secret à l'insu de tous, le Seigneur l'a révélé à Son serviteur qui n'en avait pas idée. Comme pour lui dire, tu n'es pas seul, Je suis avec toi.

Tout cela aura pour conséquence, à la préparer à prendre des décisions adéquates, à avoir un nouvel élan dans sa foi, sa marche avec Jésus.

Car,

I Corinthiens 14 : 3 ; 22 *Celui qui apporte aux hommes un message compréhensible sous l'inspiration divine s'adresse aux hommes : ses paroles les édifient, les exhortent, les consoles, elles les aides à prendre les décisions opportunes stimulent leurs progrès, fortifient leur convictions et les encouragent dans la bonne voie.*

(Ces messages) fortifient leur foi, ils sont un signe de la faveur de Dieu. **Parole Vivante.**

Je ne sous-entends pas qu'un frère ou une sœur ne puisse pas recevoir un message compromettant sur une tierce personne de l'assemblée. Evidemment,

Ezéchiel 8 : 5-6 ; 9-12 *IL me dit : Fils de l'homme, lève les yeux du côté du septentrion ! Je levai les yeux du côté du septentrion ; et voici, cette idole de la jalousie était au septentrion de la porte de l'autel, à l'entrée.*

IL me dit : Fils de l'homme, vois-tu ce qu'ils font, les grandes abominations que commet ici la maison d'Israël, pour que Je M'éloigne de Mon Sanctuaire ? Mais tu verras encore d'autres grandes abominations.

Et IL me dit : Entre, et vois les méchantes abominations qu'ils commettent ici !

J'entrai, et je regardais ; et voici, il y avait toutes sortes de figures de reptiles et de bêtes abominables, et toutes les idoles de la maison d'Israël, peintes sur la muraille tout autour.

Soixante-dix hommes des anciens d'Israël, au milieu desquels était Jaazania, fils de Schaphan, se tenaient devant ces idoles, chacun l'encensoir à la main, et il s'élevait une épaisse nuée d'encens.

Et IL me dit : Fils de l'homme, vois-tu ce que fais dans les ténèbres les anciens de la maison d'Israël, chacun dans sa chambre pleine de figures ? Car ils disent : L'Eternel ne nous voit pas, l'Eternel a abandonné le pays. **Scofield.**

Mais, je vous conseillerai de savoir quelle orientation, le Saint-Esprit vous donne par rapport, à cette situation. S'IL veut que vous livriez publiquement ces personnes ou que vous vous rapprochiez d'elles pour, les avertir de la part du Seigneur. Dans l'espoir qu'elles changeraient de voie.

Conseil :

Lorsque, le Saint-Esprit me fait la grâce de découvrir que telle assemblée ne se tient plus dans la foi en Jésus. Que leur responsable premier a renié la foi, IL me conduit à ne pas être un agent inconscient, du royaume des ténèbres, qui va favoriser le scandale dans l'Eglise et dans le cœur des païens. Mais, à prier pour que les brebis du Seigneur Jésus qui s'y trouveraient encore, puissent sortir du milieu de cette assemblée. Et, être dirigées dans des assemblées où, le Nom de Jésus est respecté, et la crainte de Son Nom dans le cœur des responsables premiers.

Apocalypse 18 : 4-5 *Puis j'entendis une autre voix céleste disant : - Sortez du milieu d'elle, vous les membres de Mon peuple, quittez-là et séparez-vous, de peur que solidaires de ses forfaits, vous ne soyez englobés dans le châtiment de ses péchés et frappés avec elle des fléaux qui vont l'atteindre.*

Car ses péchés se sont amoncelés jusqu'au Ciel, et Dieu s'est souvenu de tous ses forfaits. **Parole Vivante**.

Jean 10 : 2-5 … *Celui qui entre par la porte est le berger des brebis.*

Le gardien de l'enclos Lui ouvre, les brebis reconnaissent Sa voix et L'écoutent. Un à un, IL appelle par leur nom celles qui Lui appartiennent, pour les faire sortir et les mener au pâturage.

Quand IL a fait sortir toutes celles qui sont à Lui, IL marche à leur tête et les brebis Le suivent, parce que Sa voix leur est familière.

Jamais, elles ne suivront un étranger, au contraire, elles fuiront loin de lui, car elles ne connaissent pas la voix des étrangers. **Parole Vivante.**

Il est vrai que le prophète est établi pour,

Jérémie 1 : 10 *Regarde, Je t'établis aujourd'hui sur les nations et sur les royaumes, pour que tu arraches et que tu abattes, pour que tu ruines et que tu détruises, pour que tu bâtisses et que tu plantes.* **Scofield.**

Et que dévoiler est sa fonction première. Mais que cela se fasse en toute sagesse. Rassurez-vous que, lorsque vous rendez public une révélation, cela soit fait avec l'aval du Seigneur Jésus, ou la direction du Saint-Esprit. Auquel des cas, rapprochez-vous, de la personne concernée en toute sagesse et intelligence.

Car,

Galates 6 : 1 *Mes frères, s'il arrivait à quelqu'un, par mégarde, de faire un faux pas, si, cédant à une impulsion soudaine, il tombait dans quelque faute et que vous veniez à le découvrir, agissez à son égard en homme spirituel ; sous la conduite de l'Esprit, ramenez-le avec affection et douceur dans le droit chemin.* **Parole Vivante**.

I Corinthiens 14 : 32 *Rappelez-vous qu'un homme inspiré par l'Esprit-Saint reste maître de l'esprit prophétique qui l'anime : il a donc le pouvoir de commander à son inspiration et de la garder sous son contrôle.* **Parole Vivante**.

Esprit prophétique → Onction prophétique

Pouvoir → Capacité

Vous ne pouvez pas perdre, votre faculté à penser, à analyser et approuver ce que vous entendez ou recevez. Auquel des cas, vous ne saurez prétendre être conduit ou parler sous inspiration du Saint-Esprit.

II Pierre 1 : 21 *Car ce n'est pas par une volonté d'homme qu'une prophétie à jamais été apportée, mais c'est poussés par le Saint-Esprit que les hommes ont parlé de la part de Dieu.* **Scofield**.

II Pierre 1 : 20-21 *Notez avant tout, qu'aucune prophétie de l'Ecriture ne reflète pas la pensée personnelle (de son auteur).*

Un message prophétique n'émane jamais d'un caprice humain. Les saints hommes de Dieu ont parlé parce que le Saint-Esprit les y poussait, et ils ont prononcé les paroles que Dieu leur inspirait.

Parole Vivante.

Récapitulons

I Corinthiens 14 : 3 *Celui qui prophétise, au contraire, parle aux hommes, les édifie, les exhorte, les console.* **Scofield**.

I Corinthiens 14 : 3 *Par contre, celui qui apporte aux hommes un message compréhensible sous l'inspiration divine, s'adresse aux hommes : ses paroles les édifient, les exhortent, les consolent, elles les aident à prendre les décisions opportunes, stimulent leurs progrès, fortifient leurs convictions et les encouragent dans la bonne voie.* **Parole Vivante**.

Edifier- Consoler- Exhorter.

Edifier → Eclairer

Consoler → Soulager, apporter du réconfort

Exhorter → Interpeler, rappeler ce que l'on sait déjà.

PROPHETE OU DONS DE PROPHETIES

PROPHETE

Prophète est un ministère, une onction déversée sur la vie d'un frère ou d'une sœur, pour servir le Royaume des Cieux sur la Terre. C'est-à-dire servir Jésus et servir l'Eglise de la part de Jésus notre Seigneur.

Le servir, en veillant aux intérêts du Royaume des Cieux sur la Terre, en intercédant sur les projets du Ciel, révélés par le Saint-Esprit, pour leur accomplissement. Mais aussi, en apportant aux hommes des messages inspirés de la part de notre Seigneur Jésus, selon que nous l'avons partagé plus haut.

Luc 2 : 36-37 *Il y avait aussi une prophétesse, Anne, fille de Phanuel, de la tribu d'Aser. Elle était fort avancée en âge, et elle avait vécu sept ans avec son mari depuis sa virginité.*

Restée veuve, et âgée de quatre-vingt-quatre ans, elle servait Dieu nuit et jour dans le jeûne et dans la prière. **Scofield.**

Ezéchiel 22 : 29-30 *Le peuple du pays se livre à la violence, commet des rapines, opprime le malheureux et l'indigent, foule l'étranger contre justice.*

Je cherche parmi eux un homme qui élève un mur, qui se tienne à la brèche devant Moi en faveur du pays, afin que Je ne le détruise pas ; mais Je n'en trouve point. **Scofield.**

II Chroniques 20 : 3-9 ; 14-19 *Dans sa frayeur, Josaphat se disposa à chercher l'Eternel, et il publia un jeûne pour tout Juda.*

Juda s'assembla pour invoquer l'Eternel, et l'on vint de toutes les villes de Juda pour chercher l'Eternel.

Josaphat se présenta au milieu de l'assemblée de Juda et de Jérusalem, dans la maison de l'Eternel, devant le nouveau parvis.

Et il dit : Eternel, Dieu de nos pères, n'es-tu pas Dieu dans les cieux, et n'est-ce pas Toi qui domines sur tous les royaumes des nations ? N'est-ce pas Toi qui as en main la force et la puissance, et à qui nul ne peut résister ?

N'est-ce pas Toi, ô notre Dieu, qui as chassé les habitants de ce pays devant Ton peuple d'Israël, et qui l'as donné pour toujours à la postérité d'Abraham qui T'aimait ?

S'il nous survient quelque calamité, l'épée, le jugement, la peste ou la famine, nous nous présenteront devant cette maison et devant Toi, car Ton Nom est dans cette maison, nous crierons à Toi du sein de notre détresse, et Tu exauceras et Tu sauveras !

Alors l'Esprit de l'Eternel saisit au milieu de l'assemblée Jachaziel, fils de Zacharie, fils de Benaja, fils de Jeïel, fils de Matthania, Lévite, d'entre les fils d'Asaph.

Et Jachaziel dit : Soyez attentifs, tout Juda et habitants de Jérusalem, et toi, roi Josaphat ! Ainsi vous parle l'Eternel : Ne craignez point et ne vous effrayez point devant cette multitude nombreuse, car ce ne sera pas vous qui combattrez, ce sera Dieu.

Demain, descendez contre eux ; ils vont monter par la colline de Tsits, et vous les trouverez à l'extrémité de la vallée, en face du désert de Jeruel.

Vous n'aurez point à combattre en cette affaire : présentez-vous, tenez-vous là, et vous verrez la délivrance que l'Eternel vous accordera. Juda et Jérusalem, ne craignez point et ne vous effrayez point, demain sortez à leur rencontre et l'Eternel sera avec vous !

Josaphat s'inclina le visage contre terre, et tout Juda et les habitants de Jérusalem tombèrent devant l'Eternel pour L'adorer.

Les lévites d'entre les fils des Kéhathites et d'entre les fils des Koréites se levèrent pour célébrez d'une voix forte et haute l'Eternel, le Dieu d'Israël. **Scofield**.

QU'EST-CE QUE LE DON DE PROPHETIE ?

Le don de prophétie, est une capacité divine, surnaturelle que le Saint-Esprit accorde à un frère ou une sœur pour apporter une révélation à d'autres hommes.

Pourquoi cette parenthèse ?

Le ministère prophétique utilise le don de prophétie, et il peut y arriver que si l'on n'explique pas correctement ce qui va suivre, on peut être tenté à penser que nous sommes des prophètes ; du fait, d'avoir manifesté le don de prophétie.

Différence entre le Ministère prophétique et le don de prophétie.

Dans une assemblée, il peut y arriver qu'il y ait absence d'un ministre de Jésus dans le domaine prophétique. Et, pour apporter une réponse, donner une direction à une personne, le Saint-Esprit peut choisir, décider d'accorder le don de prophétie à des frères ou sœurs, pour palier à cette absence.

Ainsi, un frère ou une sœur se verra être utilisé, par le Saint-Esprit. Et, pourrait passer trois mois, six mois et souvent même plus, sans recevoir une quelconque révélation de la part de Dieu.

C'est comme, un frère ou ne sœur qui pourrait manifester une parole de sagesse ou de connaissance. Le fait, de l'avoir manifesté ne signifie pas nécessairement que nous sommes des hommes ou des femmes sages.

Alors qu'elle est la différence ?

Le Ministère de révélation, suppose que vous possédez bel et bien ces dons de révélations en vous (don de prophétie, parole de sagesse, parole de connaissance). Seulement, à la différence du premier cas précité, chez vous cela est permanent. A n'importe qu'elle moment du jour, de la nuit ces dons sont toujours opérant dans la vie d'un véritable ministre dans le domaine prophétique. Car, il est censé rendre ministère devant Jésus et de Sa part.

Alors cela tombe bien, je n'avais pas encore eu à définir le ministère. Donc, je vais le définir. Pour mieux saisir ce que je venais d'expliquer plus haut.

Le Ministère qu'est-ce que c'est ?

Le Ministère est un service que je fais continuellement devant la face du Père. Pour répondre au désir de Son cœur, et pour ma génération.

Donc, si Jésus devait visiter Son Eglise, et qu'IL devait rechercher ma présence (ma personne), IL ne regarderait pas dans toutes les directions. Mais, IL regarderait premièrement à l'endroit où, IL m'a positionné. Faisant mon ministère, mon service. Car, le ministère est un service continuel que je rends devant Sa face.

Nombre 3 : 5-6 ; 10 (a), 9, 7-8, 12 *L'Eternel parla à Moïse, et dit :*

Fais approcher la tribu de Lévi, et tu la placeras devant le sacrificateur Aaron, pour qu'elle soit à son service.

Tu établiras Aaron et ses fils pour qu'ils observent les fonctions de leur sacerdoce.

Tu donneras les Lévites à Aaron et à ses fils ; ils lui seront entièrement donnés, de la part des enfants d'Israël.

Ils auront soin de ce qui est remis à sa garde et à la garde de toute l'assemblée, devant la tente d'assignation : ils feront le service du tabernacle.

Ils auront le soin de tous les ustensiles de la tente d'assignation, et de ce qui est remis à la garde des enfants d'Israël : ils feront le service du tabernacle.

Voici, J'ai pris les Lévites du milieu des enfants d'Israël, à la place de tous les premiers-nés, des premiers-nés des enfants d'Israël ; et les lévites M'appartiendront. **Scofield**.

Bon à savoir :

Je voudrais encourager, les jeunes prophètes, faire confiance à Jésus qui vous a appelé. Pour progresser dans votre amitié avec Jésus.

Mais aussi, vous donnez un conseil, c'est le Saint-Esprit qui vous pousse à parler. Si vous n'avez rien à dire ne dîtes rien !

La preuve qu'IL veut passer par vous, est qu'IL vous révèle ce que vous devriez dire à la personne qui se trouve devant vous, où vers qui, IL vous envoie.

II Rois 20 : 4-5 (a) *Esaïe, qui était sorti, n'était pas encore dans la cour du milieu, lorsque la Parole de l'Eternel lui fut adressée en ces termes.*

Retournes et dis à Ezéchias, chef de Mon peuple : Ainsi parle l'Eternel.
Scofield.

MINISTERE EVANGELIQUE

J'ai déjà eu à parler de la communion, et je vais à nouveau soulever cela.

L'Evangile, n'est pas le fait de parler seulement de Jésus ; de ce qu'IL a fait par le passé. L'Evangile c'est de présenter Jésus, et ce qu'IL est toujours capable de faire et qu'IL fait encore.

Vous ne pouvez pas présenter une personne que, vous ne connaissez pas personnellement. Sinon, vous le ferez mal.

Jean 17 : 3 *Or, la vie éternelle consiste pour les hommes à Te connaitre, Toi le Dieu unique et véritable et Celui que Tu as envoyé : Jésus-Christ.* **Parole Vivante**.

Connaitre ?

Evidemment, connaitre ! Pour présenter convenablement une personne, vous devez être fier de cette personne. Pour en faire l'éloge, vous avez au préalable vu ou êtes témoin de Ses exploits.

C'est pourquoi, les mots pour le dire, la joie et même la passion vous remplissent, sans trop forcer. Car, vous êtes fier de cette personne. Et juste à l'idée d'en parler les gens le remarque. Et voudraient connaitre cette fameuse personne qui remplit votre cœur d'aussi bonnes paroles.

Mathieu 12 : 24 (b)- 35 (a) *Car les paroles dépendent de ce qui remplit le cœur : c'est le trop-plein de l'être profond qui jaillit des lèvres.*

L'homme foncièrement bon sort de bonnes choses d'un fond qui est bon. **Parole Vivante**.

Foncièrement ⟶ Naturellement.

Vous êtes évangéliste, alors vous devez présenter Jésus avec brio, avec une joie débordante, avec clarté et enthousiasme. Vous Le connaissez personnellement, et êtes Ses témoins ; témoins de ce qu'IL fait dans vos vies. Ou a fait, dans vos vies. C'est pourquoi, vous Lui rendez personnellement témoignage de ce que vous avez entendu et vu de Lui.

Jean 3 : 11 (a) *Vraiment Je te l'assure : nous parlons seulement de ce que nous connaissons réellement, et nous témoignons de ce que nous avons observé.* **Parole Vivante**.

Oui, nous en parlons parce que nous Le connaissons, selon la grâce qu'IL nous a accordée de Le connaitre.

LA BONNE NOUVELLE.

Marc 16 : 15 *Puis IL (Jésus) leur dit : allez partout le monde, et prêcher la Bonne nouvelle à toute la Création.* **Louis Segond 1975**.

La Bonne Nouvelle ? Cette nouvelle qui leur redonnera à nouveau envie, de désirer vivre, qui les présentera leur état devant Moi. Et qui les amènera à désirer à ce que Jésus entre dans leur vie, comme le Seigneur et le Sauveur de leurs âmes. Que Je puisse les accueillir dans Ma Lumière, en pardonnant leurs péchés. Et, en les offrants la vie éternelle.

La Bonne Nouvelle ? Cette parole qui suscitera la foi en eux ; de croire que tout est encore possible pour eux. Et qu'il y a toujours de l'espoir avec Jésus.

Marc 9 : 23 … *Tout est possible à celui qui croit.* **Parole Vivante**.

Proverbes 12 : 25 (b) *Une bonne parole réjouit le cœur.* **Sofield**.

Proverbes 15 : 23 *Combien agréable une parole dite à propos.* **Scofield**.

Une parole dite à propos ⟶ Une parole dite de la manière dont, il convient.

Je ne peux pas vous imposer une attitude directe. Car, c'est l'œuvre du Saint-Esprit en vous. Ce que je peux dire, c'est que votre attitude sera conditionnée par votre message : Péché, Amour, Salut Vie éternelle etc... Qui lui sera habillé par le trop-plein de votre cœur.

Mais pour agir avec une grande efficacité, dans ce ministère. Il vous faut être un témoin vivant de tout ce que vous dîtes. C'est pourquoi, vous pouvez aller le leur annoncer. Car, c'est la vérité et vous ne voulez que leur bien.

Actes 4 : 20 *Pour nous, en effet, il est impossible de garder le silence sur ce que nous avons vu et entendu.* **Parole Vivante**.

Et quand je dis, Jésus est Seigneur, je le dis parce que, non seulement je l'ai entendu par la prédication de l'Evangile, mais aussi, je vois Sa seigneurie se manifester au quotidien dans ma vie.

Jean 4 : 39-42 *Plusieurs Samaritains de cette ville crurent en Jésus à cause de cette déclaration formelle de la femme : IL m'a dit tout ce que j'ai fait.*

Aussi, quand les samaritains vinrent Le trouver, ils Le prièrent de rester auprès d'eux. Et, IL resta là deux jours.

Un beaucoup plus grand nombre crurent à cause de sa parole ;

Et ils disaient à la femme : ce n'est plus à cause de ce que tu as dit que nous croyons ; car nous L'avons entendu nous-même, et nous savons qu'IL est vraiment le Sauveur du monde. **Scofield**.

J'en ai fait l'expérience personnellement. Je suis passé par une situation des plus compliquées, dont l'issu qu'elle me réservait était la mort, une mort certaine.

Aucune intervention humaine, ne pouvait faire quoique ce soit pour moi, devant cette situation. Mon salut n'était possible, que par l'intervention du Seigneur de l'Univers : de Jésus, Lui-même.

C'est pourquoi selon Sa grâce, je peux leur présenter avec les mots dit à propos Jésus le Seigneur. Sans cette épreuve, celui qui prêche ne saurait rendre parfaitement témoignage de Jésus, le Seigneur.

I Thessaloniciens 2 : 3 *Car, nous ne sommes pas les victimes de quelque illusion trompeuse. Nos exhortations ne reposent pas sur l'erreur ; elles ne s'inspirent pas de motifs troubles.* **Parole Vivante**.

Nous vous présentons, Jésus que nous connaissons. Car,

Philippiens 1 : 21 *Christ est ma vie, le but et le contenu de toute mon existence.* **Parole Vivante**.

Cessez de vous comporter ainsi, croyez au Jésus que je vous présente. Telle est l'attitude implicite qui accompagne, chaque prédication de l'Evangile.

L'EVANGELISTE

Il est l'instrument dont, le Saint-Esprit se servira pour faire rentrer en centaine, milliers voire millions des brebis dans la bergerie. Pour une croissance numérique de l'Eglise, il est le mieux placé. A maturité ou pas, son fruit se fait remarquer.

Jean 10 : 16 *J'ai encore d'autres brebis qui ne sont pas de cet enclos. Celles-là aussi, il faut que Je les amène et que Je les conduise. Elles entendront Mon appel et obéiront à Ma voix.* **Parole Vivante**.

Actes 8 : 12 *Quand ils eurent accepté avec foi le message que Philippe leur annonçait au sujet du Règne de Dieu et de la personne de Jésus-Christ, ils se firent baptiser, tant les hommes que les femmes.* **Parole Vivante**.

Comme nous le mentionnant, au sujet du prophète, être évangéliste est avant tout une onction. Et, dans l'église locale, il y a une légère confusion avec, ce ministère.

On entend, communément dire que nous sommes tous des évangélistes. Ce qui n'est pas correctement vrai.

Mais, on n'a la possibilité d'être par contre, tous des fils de l'exhortation. Car, comme on l'expliquait dans la partie précédente sur ce ministère, il consiste à rappeler aux autres ce qu'ils savent déjà pour la plupart, pour les conduire à la repentance. Et, souvent pour cela, on interagit avec eux.

Tandis que, l'évangélisation repose sur la prédication de l'Evangile. Et, cela n'est possible, que par l'onction qui coule du vase qui rend ministère.

Ce qui explique, souvent dans nos assemblées que lorsque nous faisons des sorties d'évangélisations nous n'ayons pas toujours de résultats à la dimension de nos attentes. Car, la plupart qui sont sur le terrain, ne sont pas des évangélistes mais des fils de l'exhortation.

Est-ce à dire que l'on ne devrait plus le faire ?

Ne me prêtez pas des propos… ! Je montrai tous simplement, un moyen plus efficace d'avoir des résultats.

Témoignage :

Je me souviens d'un frère dans la foi, Luc, il avait reçu du Seigneur Jésus, la grâce d'être évangéliste. A chaque fois que l'on sortait, en évangélisation l'église entière, lui pouvait revenir avec dix nouvelles âmes ; le plus souvent des païens.

Tandis que nous, nous revenions souvent sans. Non, pas que nous ne rendions pas ministère, mais le ministère que nous rendions était celui de l'exhortation. Et cela, ne s'est pas seulement fait une seule fois, mais plusieurs fois. Mais on a quand même, participé à l'avancement du Royaume des Cieux, mais dans l'exhortation.

Question évangélisation, Luc avait une très grande grâce. Et moi, question enseignement, j'avais une très grande grâce. On comprendra mieux ce que je dis lorsque l'on abordera, la partie sur l'onction. Pour l'instant on va s'en tenir à cela.

LE MINISTERE D'ENSEIGNEMENT

Ah ! Il nous faut parler du ministère d'enseignant. Déjà l'une des premières choses à savoir : est qu'être enseignant est un appel, une responsabilité. Non ! Tout le monde n'est pas enseignant. Et, n'enseigne pas qui veut enseigner.

I Corinthiens 12 : 29 ... *Tous savent-ils enseigner ? ... Evidemment non !* **Parole Vivante**.

Jacques 3 : 1 *Mes frères, qu'il n'y ait pas parmi vous un grand nombre de personne qui se mettent à enseigner.* **Scofield**.

Pourquoi ?

Il est écrit dans

Esaïe 60 : 1 ; 3 *Lève-toi sois éclairé. Des nations marchent à ta lumière, et des rois à la clarté de tes rayons.* **Scofield**.

Que veut dire ce passage ?

Sois éclairé ? Il vous faut comprendre la Parole. Il vous faut une compréhension véritable des Ecritures, pour les mettre en pratiquent et en voir les fruits.

Des nations marchent à ta lumière ? Ainsi de votre compréhension des Ecritures, les hommes pourront être éclairés, savoir.

Romains 12 : 2 (b) *Quelle est la volonté de Dieu : ce qui est bon, agréable et parfait.* **Scofield**.

Des rois à la clarté de tes rayons ? Pourront donc suivre, le modèle que vous êtes. Car, vous êtes pour eux une source d'inspiration. Tout comme l'apôtre Paul l'a dit :

Soyez mes imitateurs, comme je le suis de Christ. cf

Evidemment, je m'adresse aux docteurs et à ceux qui se sont retrouvées dans ce ministère sans appel. On enseigne jamais, ce que l'on ne connait pas ou ne comprend pas.

Jean 3 : 11 (a) *Vraiment, Je te l'assure : nous parlons seulement de ce que nous connaissons réellement, et nous témoignons de ce que nous avons observé.* **Parole Vivante**.

Ce qui disqualifie, beaucoup de personne à ce ministère.

Que veux-je dire ?

Nous parlons du ministère public, évidemment ! Sachez-le, le Seigneur ne prendra pas l'enseignement de manière livresque. Un assemblage de versets bibliques, pour les coller les uns à la suite des autres, et être convaincu par la suite, que nous avons enseigné le peuple. Non ! Sachez-le, cela ne se passera pas comme ça.

La Parole doit avant tout se faire chair en vous.

Jean 1 ; 14 *Et la Parole a été faîte chair, et Elle a habité parmi nous, pleine de grâce et de vérité ; et nous avons contemplé Sa gloire comme la gloire du Fils unique venu du Père.* **Louis Segond 1975**.

Chair en vous ?

Oui seulement parce que, cette parole est chair en vous que vous transportez, la grâce de changer la vie de l'église (des hommes).

Pleine de grâce ?

Selon la dimension d'obéissance que vous atteignez, vous pourrez faire jouir au peuple des grâces qui sont proportionnelles à votre obéissance ; de ces grâces qui sont attachées à votre appel, ou ministère.

La profondeur appelle, la profondeur.

Mathieu 13 : 23 *Celui qui a reçu la Semence dans la bonne terre, c'est celui qui entend la Parole et la comprend ; il porte du fruit, un grain en donne cent, un autre soixante, un autre trente.* **Louis Segond 1975**.

Mathieu 13 : 12 *On donnera encore à celui qui garde ce qu'il a reçu, jusqu'à ce qu'il soit dans l'abondance.* **Parole Vivante**.

Ainsi, c'est ce qui est pleinement manifesté en vous qui constituera, le message dont vous serez qualifié, pour apporter à l'Eglise. Et dont, les mots pour le dire couleront à foison de votre cœur.

Vous manifesterez l'image du Père. Une représentation de ce qu'IL est, mais, à l'échelle humaine.

Du fait, que vous manifestez Son image, le Saint-Esprit, tirera le message du dedans de vous.

Car, toute l'œuvre qu'IL accomplit en vous, ne vise qu'à révéler une partie de Jésus. Lorsque nous sommes tous réunis en un même lieu, on a toutes les facettes de Jésus, en un seul endroit. Et, l'on parle alors de la plénitude de Christ, le Corps de Christ ; l'assemblage des différentes images du Père.

Jean 14 : 7 ; 9 *Si vous Me connaissez, vous connaîtrez aussi Mon Père. Mais (que dis-Je) : maintenant déjà vous Le connaissez, vous L'avez même vu.*

Eh quoi, Lui répondit Jésus, après tout le temps que J'ai passé avec vous, tu ne M'as pas encore reconnu, Philippe ! Celui qui M'a vu a aussi vu Mon Père. Comment peux-tu dire : montre-nous le Père ? **Parole Vivante**.

Ephésiens 1 : 22-23 *IL a tout mis sous Ses pieds, et L'a donné pour Chef suprême à l'Eglise.*

Qui est Son Corps, la plénitude de Celui qui remplit tout en tous. **Louis Segond 1975**.

Donc, vous devenez réellement une bénédiction, pour plusieurs lorsque vous arrivez à cette maturité dans la foi en notre Seigneur Jésus. Lorsque réellement, la Parole s'est faîte chair en vous. Il vous est alors, possible d'exercer un Ministère public.

I Corinthiens 1 : 4-5 *Je ne cesse d'exprimer ma reconnaissance à Dieu pour la grâce divine qu'IL vous a accordée dans la communion avec Jésus-Christ. Je Le remercie pour toutes les richesses et les bénédictions dont-IL vous a comblés.*

En effet, dans la communion avec Lui, votre pensée s'est considérablement enrichie, votre connaissance s'est élargie, votre compréhension de la Vérité s'est approfondie ; vous avez reçu Son enseignement et le don de le communiquer à d'autres. **Parole Vivante**.

C'est le seul moyen d'être un véritable enseignant. Il y a un passage qui doit défiler dans vos pensées :

II Timothée 2 :2 *Tu as suivi mon enseignement, il t'a été confirmé par les attestations de nombreux témoins ; ce que tu as appris, transmet-le à des hommes fidèles et dignes de confiance qui soient capables à leur tour d'en instruire d'autres.* **Parole Vivante**.

En d'autres termes, tu mets depuis fort longtemps, en pratique les enseignements que je t'ai donné (Parole faîtes chair).
Maintenant enseigne les à des hommes qui Me cherchent.
Afin que dans leur fidélité, et leur mise en pratique de ces enseignements, ils puissent eux-aussi Me trouver et à leur tour les enseigné, à d'autres.

Mathieu 28 : 18 *Alors Jésus S'approcha d'eux et leur parla ainsi : - J'ai reçu les pleins pouvoirs au Ciel et sur la Terre.*

Allez donc dans le monde entier, faîtes des disciples parmi tous les peuples, baptisez-les au nom du Père, du Fils et du Saint-Esprit.

Et apprenez-leur à observer tout ce que Je vous ai prescrit. *D'ailleurs, soyez en persuadés : Je suis Moi-même avec vous chaque jour, jusqu'à la fin du monde.* **Parole Vivante**.

MINISTERE PASTORAL

Waouh ! Là, je sens que l'on va beaucoup parler, mais, en peu de mot. Il y a une chose que j'ai envie de faire, c'est de rendre témoignage.

Témoignage :

Avant que je ne découvre et ne sois rassuré et attesté des ministères, que j'ai reçu par grâce, de la part du Seigneur Jésus, je faisais dans l'évangélisation. C'est que, je voulais manifester la Puissance d'Elie et être comme l'apôtre Paul. Bon ! On en rigole aujourd'hui, chacun à sa grâce.

Le plus souvent, lorsque nous sortions pour faire le porte à porte, je remarquais un fait : on tombait beaucoup plus, sur des rétrogrades qui, pour x et y raisons, s'en étaient allés loin de la bergerie.

Dans d'autres cas, j'ai vu et entendu dire que des assemblées ou des églises locales, s'étaient vidées au ¾, faute de pasteur.

Donc, je vais parler du pastorat.

Mathieu 9 : 36-37 *En voyant les foules Jésus était bouleversé : Une profonde pitié s'emparait de Lui, car elles étaient comme des brebis abandonnées n'ayant pas de berger, déprimées, harassées et abattues.*

Note *: (Epuisées, meurtries, accablées de maux, découragées, rejetées, désespérées)*

Alors, Jésus dit à Ses disciples : Quelle moisson abondante et si peu d'ouvrier pour la rentrée ! Demandez donc au Seigneur à qui appartiennent le champ et la moisson, qu'IL envoie des ouvriers pour rentrer Sa récolte. **Parole Vivante**.

Qu'IL envoie des ouvriers ? Des ouvriers qualifiés pour cette mission.

Importance

Lisez-le, lentement et arrêtez-vous sur les parties en gras.

Jean 3 : 16 *Oui, Dieu* ***a tant aimé*** *les hommes qu'****IL a donné Son Fils****, Son unique pour qu'****aucun*** *de ceux qui se confient en Lui,* ***ne soit perdu****, mais que* ***chacun*** *accède à la vie éternelle.* **Parole Vivante**.

Jean 21 : 15-17 *Après le déjeuner, Jésus S'adresse à Simon Pierre : Simon, fils de Jean* ***M'aimes-tu plus que ceux-****ci ? Oui, Seigneur, répond-il, Tu sais bien que Je suis Ton ami. Jésus lui dit :* ***Sois un berger pour Mes agneaux****.*

Puis IL lui redemande une deuxième fois : Simon fils de Jean, M'aimes-tu ? Oui Seigneur, lui répond Simon. ***Tu sais que je suis Ton ami****. Jésus lui dit :* ***Conduis Mes petites brebis****.*

Puis pour la troisième fois, IL lui demande : Simon fils de Jean, es-tu Mon ami ? Pierre est peiné de ce que, cette troisième fois, IL lui demande : ***Es-tu Mon ami ?*** *Il Lui répond Seigneur, Tu sais tout, Tu sais que je suis Ton ami. Jésus lui dit :* ***Sois un berger pour mes brebis****.* **Parole Vivante**.

La valeur d'une âme est le Sang de Jésus. Et, le prix a été si élevé, si grand pour ne pas en prendre soin.

L'âme représente, la raison pour laquelle, le Père S'est investi à tout donner, à tout sacrifier, à sacrifier Son Trésor, ce qu'IL a de plus cher et précieux : Jésus.

Mais aussi, qu'IL déploie le Saint-Esprit et le Ciel pour cet objectif. C'est pourquoi pasteur n'agissez pas avec légèreté.

Que vous ensemble-t-il ?

Un Pêcheur décide d'aller pêcher du poisson. Il en remplit tout une barque. Tout heureux et fier de sa capture, il s'en retourne chez lui. Laissant, son ouvrier à bord de son bateau de pêche ; pour qu'il fasse bon usage du produit de sa pêche.

Loin de se soucier des efforts fournis par son chef, cet ouvrier décide de jeter tous les poissons à nouveau dans l'eau.

Les voici qui s'en vont, s'éloignent du bateau et n'y reviennent plus.

A son retour, le chef constate, que le fruit de son effort a été jeté. Et que son espérance de se réjouir, du produit de sa pêche a disparu.

A votre avis que décidera-t-il de faire ?

Je réponds : Il fera payer à ce serviteur négligent, toutes les pertes qu'il a occasionnées, dans sa folie.

Oui, c'est ce qui arrivera.

Ne soyez pas sans égard vis-à-vis d'une brebis. Ne la mépriser pas au point de la laisser, se perdre. Mais ayez soin d'elles.

Jacques 2 : 1-4 *Mes frères, rappelez-vous que la foi en notre Seigneur Jésus-Christ glorifié est inconciliable avec une attitude partiale inspirée par des préjugés de classe.*

Supposez, par exemple, que deux visiteurs entrent dans votre lieu de réunion. L'un d'eux est vêtu d'habits somptueux et porte un anneau d'or au doigt. Au même instant pénètre un miséreux couvert d'habits malpropres.

Si, fascinés par l'homme aux beaux habits, vous vous empressez autour de lui en disant : S'il vous plaît, veuillez-vous asseoir ici, c'est une bonne place ! Tandis que vous signifiez au pauvre, toi reste là debout, ou si tu veux assieds-toi par terre à mes pieds

Ne voyez-vous pas que dans votre for intérieur, vous établissez entre les hommes des distinctions contredisant votre foi ? Votre comportement trahit un jugement inspiré par des normes incompatibles avec ce que vous croyez. **Parole Vivante**.

LE BON BERGER

Je vais vous parler un peu du bon Berger, de Celui qui aime toutes Ses brebis sans acception.

Pais mes brebis ?

Sois pour elles un guide, qui les conduit vers Moi. Oriente-les pour qu'elles puissent accomplir leur destiné.

Encourages-les, consoles-les, fortifie-les. Apprends-les à Me faire confiance. Conduis-les dans leurs bénédictions.

Protège-les contre toutes agressions spirituelles. Sois toujours prêt à les aider.

Sois pour elles un miroir, par lequel elles puissent se référer, pour voir leur progression spirituelle.

Aime-les en dépit de leur caractère en t'appuyant sur l'amour que tu as pour Moi.

Sois patient envers elles, d'une très grande patience. Pour constater leur progrès, le progrès de certaines d'entre elles.

Nombre 12 : 3 *… Or, Moise était un homme fort patient, plus qu'aucun homme sur la face de la Terre.* **Scofield**.

Et laisse-Moi défendre ta cause devant les plus indociles.

Jean 10 : 11 *Je suis le Bon Berger. Le Berger sacrifie sa propre vie pour ses brebis, il est prêt à mourir pour les sauver.* **Parole Vivante**.

MINISTERE DE CHANTRE

Pour avoir déjà eu, à Ecrire là-dessus, je vous renvoie alors aux **livres l'ère des vrais adorateurs : Je veux Te louer et Je veux T'adorer**.

Juste vous dire que vous avez, reçu un très beau ministère. Et vous en faîtes des jaloux en Enfer : Satan et tous ses démons qui l'ont accompagnés dans ce ministère dans le Ciel autrefois.

Bilan :

On a pu voir avec l'aide du Saint-Esprit, cinq des six ministères que j'avais eu à annoncer. Le sixième ayant fait l'objet de deux livres. Je vous ai renvoyé à ces deux ouvrages.

La question qui ressort après ce bilan est la suivante :

Est-il possible que je sois un multitâches ou multi ministères dans l'Eglise de Jésus ?

Réponse : Oui et non.

Oui : Lorsque vous avez reçu, une double onction ou triple.

Non : Lorsque vous n'avez reçu qu'une seule onction.

I Corinthiens 12 : 29 *Tous sont-ils apôtres ? Tous sont-ils porte-parole de Dieu ? Tous savent-ils enseigner, faire des miracles. Guérir les malades, parler dans des langues inconnues ou les interpréter ? Evidemment non !* **Parole Vivante**.

Mais, alors pourquoi as-tu répondu, oui ?

Parce que, je voulais introduire la notion, d'onction. Car, le Oui, est dépendant de l'onction qui coule sur votre vie.

L'ONCTION

L'ONCTION QU'EST-CE QUE C'EST ?

L'Onction est le parfum qui témoigne de la présence d'un esprit. Dans, le cas où nous sommes de la présence du Saint-Esprit ; de Jésus.

II Corinthiens 2 : 15 *nous sommes, en effet pour Dieu le parfum de Christ, parmi ceux qui sont sauvés et parmi ceux qui périssent.* **Scofield**.

L'ONCTION QU'EST-CE QUE C'EST ?

C'est la puissance libérée dans le cas, où nous sommes par le Saint-Esprit, au travers, du vase que je suis pour accomplir un plan d'action précis. Le plan d'action que va suivre le Saint-Esprit au travers du vase que je suis.

Jésus de dire :

Luc 4 : 18 *L'Esprit du Seigneur est sur Moi. Parce qu'IL M'a oint pour annoncer une bonne nouvelle aux pauvres. IL M'a envoyé pour guérir ceux qui ont le cœur brisé. Pour proclamer aux captifs la délivrance et aux aveugles le recouvrement de la vue. Pour renvoyer libre les opprimés, pour publier une année de grâce du Seigneur.* **Scofield**.

Autrement dit, le Saint-Esprit en Moi et sur Moi, n'agit et n'agira que sur ce plan d'action, qu'IL M'a révélé. Et, les résultats sont certains et connus d'avances.

Hors de ce plan d'action, il n'y a pas d'onction. Mais, un effort personnel. Qui lui peut être accompagné, de beaucoup de frustrations.

Psaumes 127 : 1 *Cantiques des degrés de Salomon. Si l'Eternel ne bâtit la maison, ceux qui la bâtissent travaillent en vain ; Si l'Eternel ne garde la ville, celui qui la garde veille en vain.* **Scofield**.

Donc, l'onction qui repose sur vous, vous trace votre domaine de compétence, et le chemin qui favorisera votre réussite dans la vie (sur Terre). Et, les limites que vous ne pouvez franchir.

I Jean 2 : 20 (a) ; 27 *Pour vous, vous avez reçu l'onction de la part de Celui qui est saint.*

...L'Onction que vous avez reçue de Lui demeure en vous, et vous n'avez pas besoin qu'on vous enseigne ; mais comme Son onction vous enseigne toutes choses, qu'elle est véritable, et qu'elle n'est point un mensonge, demeurez en Lui selon les enseignements qu'elle vous a donnés. **Scofield**.

Reprenons ce passage de l'Ecriture

I Jean 2 : 2 (a) ; 27 *Pour vous, vous avez reçu l'onction de la part de Celui qui est saint. Sa puissance est agissante en vous.*

La puissance que vous avez reçue de Lui, demeure en vous. Elle suit un plan d'action bien déterminée. Et, vous n'avez pas besoin que l'on vous enseigne ce plan d'action. Mais son onction, vous l'enseignera, elle vous enseignera tout cela. Car, elle est véritable et n'est pas un mensonge. Elle vous conduira dans l'accomplissement de ce plan d'action. Seulement, demeurez en Lui, selon les enseignements qu'elle vous aura donnés. Suivez simplement, ce plan d'action et vous accomplirez la Volonté de Jésus.

Ouverture d'intelligence

Romains 12 : 3 *Dieu m'a fait grâce, IL m'a accordé un ministère et des dons ; c'est pourquoi j'aimerais vous faire quelques recommandations : N'ayez pas une opinion exagérée de votre importance. Mais que chacun de vous s'efforce de se faire une idée juste sur Lui-même : ne surestimez pas vos capacités, n'aspirez pas à ce qui dépasse vos possibilités ou qui déborde votre vocation. Acceptez vos limites que vous tracent les dons particuliers qui vous ont été départis en vertu de votre foi.* **Parole Vivante**.

Donc, est-il possible d'être multitâches ? Regarder à l'onction qui coule en vous pour pouvoir y répondre.

Que signifie être oint ?

Etre oint signifie, que le Saint-Esprit a activé en vous, les capacités surnaturelles, de votre esprit (esprit d'adoption).

Ce sont, ses capacités surnaturelles des esprits d'adoptions, qui font que vous deveniez extraordinaire aux yeux de votre prochain. Evidemment, il n'y a pas beaucoup d'hommes capables de faire ce que vous faites.

Donc, lorsqu'un frère ou une sœur ayant le don des guérisons étendrait sa main sur un malade. La guérison qui germerait, serait la conséquence de ce que son esprit humain, aurait été oint, activé par la puissance du Saint-Esprit. Cela, est valable sur tous les autres domaines.

Actes 2 : 43 *Tous les uns avec les autres étaient profondément impressionnés et les respectaient, car les apôtres accomplissaient beaucoup de miracles, signes de l'intervention de Dieu.* **Parole Vivante.**

Daniel 1 : 17, 19-21 *Dieu accorda à ces quatre jeunes gens de la science, de l'intelligence dans toutes les lettres, et de la sagesse ; et Daniel expliquait toutes les visions et tous les songes.*

Le roi s'entretint avec eux ; et, parmi tous ces jeunes gens, il ne s'en trouva aucun comme Daniel, Hanania, Mischaël et Azaria. Ils furent donc admis au service du roi.

Sur tous les objets qui réclamaient de la sagesse et de l'intelligence, et sur lesquels le roi les interrogeait, il les trouvait dix fois supérieurs à tous les magiciens et astrologues qui étaient dans tout son royaume.

Ainsi fut Daniel jusqu'à la première année du roi Cyrus. **Scofield**.

Un peu de profondeur cette fois-ci, pour les futurs serviteurs de Jésus. Ou pour vous ces serviteurs.

Nous voulons rentrer dans les profondeurs, de Sa révélation pour nous aider dans le ministère.

Car,

Luc 14 : 28 *En effet, si l'un de vous veut bâtir une tour, est-ce qu'il ne se met pas d'abord à réfléchir en toute tranquillité : il calcule à combien elle lui reviendra et s'il a les moyens de mener son entreprise à bonne fin.* **Parole Vivante**.

Rappel : Nous avons eu à parler un plus haut de la mise à part. Et qu'elle se subdivisait en deux parties que sont, la sanctification et la consécration.

Mais aussi, que Jésus ne Se révèle à nous comme l'Ami fidèle, qu'après avoir montré un vif intérêt pour Sa Personne.

Et comme, c'est l'objectif, je crois de tout enfant de Dieu, ou serviteur de Jésus nous voulons déposer dessus la cerise sur le gâteau.

Donc, nous étudierons, la Sagesse divine.

LA SAGESSE DIVINE

Luc 2 : 52 *Et Jésus croissait en sagesse, en stature, et en grâce, devant Dieu et devant les hommes.* **Scofield**.

Etre sage qu'est-ce que cela signifie ?

Etre sage, c'est être en accord et en harmonie avec le Seigneur Jésus. En accord, avec Sa volonté. En harmonie, suivre le mouvement ou agir au moment où, le Saint-Esprit vous le commande.

Jésus croissait en sagesse : Recevait instructions et révélations qu'IL mettait en pratique au quotidien. Et, Son obéissance, était remarquable devant le Père. Ses actes étaient réfléchis et suivaient le calendrier divin.

Vous êtes plein de sagesse, lorsque vos actions sont toujours en accord avec la volonté du Père et que vous n'agissiez pas dans la précipitation, sous la pression.

Daniel 3 : 17-18 *Voici, notre Dieu que nous servons peut nous délivrer de la fournaise ardente, et IL nous délivrera de ta main, ô roi.*

Sinon, sache, ô roi, que nous ne servirons pas tes dieux, et que nous n'adorerons pas la statue d'or que tu as élevée. **Scofield**.

Car,

Proverbes 24 : 3 (a) *C'est par la sagesse qu'une maison s'élève.* **Scofield**.

Evidemment, c'est par elle que le Seigneur Jésus, S'appuie pour élever un frère ou une sœur. Pour lui confier de plus grande responsabilité.

Et, cela rassure le Seigneur d'avoir des frères et des sœurs sages. Si vous êtes sages, IL vous fait confiance. Car, IL sait que vous n'irez pas au-delà du champ d'action qu'IL vous accorde. A moins que vous ayez choisi, délibérément de devenir fou.

I Rois 3 : 5 ; 9-12 *A Gabaon, l'Eternel apparut en songe à Salomon pendant la nuit, et Dieu lui dit : Demande ce que tu veux que Je te donne.*

Salomon répondit : Tu as traité avec une grande bienveillance Ton serviteur David, mon père, parce qu'il marchait en Ta Présence dans la fidélité, dans la justice, et dans la droiture de cœur envers Toi ; Tu lui as conservé cette grande bienveillance, et Tu lui as donné un fils qui est assis sur son trône, comme on le voit aujourd'hui.

Maintenant, Eternel mon Dieu, Tu as fait régner Ton serviteur à la place de David, mon père ; et moi je ne suis qu'un jeune homme, je n'ai point d'expérience.

Ton serviteur est au milieu du peuple que Tu as choisi, peuple immense, qui ne peut être ni compté ni dénombré, à cause de sa multitude.

Accorde donc à Ton serviteur un cœur intelligent pour juger Ton peuple, pour discerner le bien et le mal ! Car, qui pourrait juger Ton peuple, ce peuple si nombreux ?

Cette demande de Salomon plut au Seigneur.

Et Dieu lui dit : Puisque c'est là ce que tu demandes, puisque tu ne demandes pour toi ni longue vie, ni les richesses, ni la mort de tes ennemis, et que tu demandes de l'intelligence pour exercer la justice.

Voici, J'agirai selon ta parole. Je te donnerai un cœur sage et intelligent, de telle sorte qu'il n'y aura pendant toute ta vie et qu'on ne verra jamais personne de semblable à toi.

Je te donnerai en outre, ce que tu n'as pas demandé, des richesses et de la gloire, de telle sorte qu'il n'y aura pendant toute ta vie aucun roi qui soit ton pareil. **Scofield**.

Le Père est prêt à tout déversé dans la vie de Ses serviteurs, s'ils sont des hommes sages. Et, ce au-delà de toutes mesures. Parce que la sagesse divine est le gage de toute réussite. Que vous ne perdrez pas votre âme par la suite.

Mais, Salomon était sage et que nous apprend sa vie, si ce n'est qu'il a mal terminé ?

La vie de Salomon nous apprend qu'il a voulu expérimenter la folie, à un moment donné. Et, ce sont les actes de folies qui ont eu à détériorés la renommée glorieuse que lui avait accordée le Seigneur.

Ecclésiaste 1 : 16 *J'ai dit en mon cœur : Voici, j'ai grandi et surpassé en sagesse tous ceux qui ont dominé avant moi sur Jérusalem, et mon cœur a vu beaucoup de sagesse et de science.* **Scofield**.

Ecclésiaste 2 : 3 *Je résolus en mon cœur de livrer ma chair au vin, tandis que mon cœur me conduirait avec sagesse, et de m'attacher à la folie jusqu'à ce que je voie ce qu'il est bon pour les fils de l'homme de faire sous les Cieux pendant le nombre des jours de leur vie.* **Scofield**.

L'inspiration de cette pensée de Salomon, provenait du diable de Lucifer. Je ne voudrais pas faire, le détour là-dessus. Mais, je mettrais l'accent dessus quand, j'écrirai avec l'aide du Saint-Esprit le livre sur l'art du combat spirituel. Mais, je voulais juste par ce détour, signifier que la sagesse ne peut jamais conduire dans la fosse.

Et, une chose des très agréable, est de voir qu'elle nous garde pour la vie éternelle.

Conclusion de la vie de Salomon :

Ecclésiaste 12 : 1-3 *Jeune homme, réjouis-toi dans ta jeunesse, livre ton cœur à la joie pendant les jours de ta jeunesse, marche dans les voies de ton cœur et selon les regards de tes yeux ; mais sache que pour tout cela Dieu t'appellera en jugement.*

Bannis de ton cœur le chagrin, et éloigne le mal de ton corps ; car la jeunesse et l'aurore sont vanité.

Mais souviens-toi de Ton Créateur pendant les jours de ta jeunesse, avant que les jours mauvais arrivent et que les années s'approchent où tu diras : Je n'y prends point plaisir. **Scofield**.

La sagesse, l'a ramené à la raison dans les derniers jours de sa vie.

Et s'agissant de Daniel,

Daniel 12 : 13 *Et toi, marche vers ta fin ; tu te reposeras, et tu seras debout pour ton héritage à la fin des jours.* **Scofiled**.

J'avais promis que nous irions en profondeur. C'est que nous allons maintenant faire.

Proverbes 9 : 1 *La sagesse a bâti sa maison, elle a taillé sept colonnes.* **Scofield**.

Quelles sont ces sept colonnes ?

- ✓ L'intelligence
- ✓ La réflexion
- ✓ L'instruction
- ✓ L'intégrité
- ✓ La justice
- ✓ L'humilité

Etudions point par point, ces différentes colonnes de la sagesse.

INTELLIGENCE

L'Intelligence va avec la compréhension. Etre intelligent, c'est comprendre les voies du Seigneur. Comprendre l'action qu'IL entreprend. Ce qu'IL a décidé de faire. Comment, IL s'y prend, les acteurs et le moment de Son intervention.

C'est avoir une analyse claire et correcte de la situation. De ce qui se passe ou va se dérouler.

Mathieu 16 : 2-3 *Mais, IL les apostropha : - au crépuscule, vous dîtes bien : Demain, il fera beau, car le ciel est d'un rouge feu. Ou bien, à l'aurore : Aujourd'hui, on aura de l'orage, car le ciel rougeoie et s'assombrit. Ainsi, vous savez parfaitement prévoir le temps qu'il fera d'après l'aspect du ciel.* **Parole Vivante.**

Marc 8 : 15-18 *Jésus les avertit : - Attention, méfiez-vous du levain des pharisiens et de celui d'Hérode !*

Ils réfléchissaient au sens de cette parole et en discutaient entre eux : - Pourquoi a-t-IL fait cette remarque ? Sans doute parce que nous n'avons pas pris (assez) de pains.

Jésus se rendit compte de ce qu'ils pensaient. – Quelle idée ! Leur dit-IL. Comment pouvez-vous supposer qu'il s'agit des pains que vous n'avez pas ? Pourquoi vous faîtes-vous du souci à ce sujet ? <u>Votre intelligence est-elle si aveuglée</u> ?

Vous avez des yeux, mais vous ne voyez pas ; vous avez des oreilles, mais vous n'entendez pas ! Avez-vous tout oublié ? **Parole Vivante.**

Arriver à déceler les messages codés du Seigneur Jésus, pour le laisser agir entièrement ou librement, c'est cela l'intelligence.

LA REFLEXION

Etre réfléchi, c'est pensé avant d'agir. Avoir fait, le contour de la chose ou du sujet. Tout en ne s'appuyant pas sur nos émotions, ou nos sens pour prendre une décision.

C'est savoir que,

Jean 5 : 30 *Je ne peux rien faire de mon propre chef ; Je juge seulement comme le Père Me le demande et selon les informations que Je reçois. Et Mon verdict est juste, car il ne s'agit pas pour Moi de réaliser Mes propres désirs, mais de faire la volonté de Celui qui M'a envoyé.* **Parole Vivante**.

La réflexion pour veiller sur vos pas, et sur vos choix.

Proverbes 8 : 1-3 *La sagesse ne crie-t-elle pas ? L'intelligence n'élève-t-elle pas sa voix ?*

C'est au sommet des hauteurs près de la route, c'est à la croisée des chemins qu'elle se place ;

A côté des portes, à l'entrée de la ville, à l'intérieur des portes, elle fait entendre ses cris. **Scofield.**

Proverbes 3 : 5-7 *Confie-toi en l'Eternel de tout ton cœur, et ne t'appuie pas sur ta sagesse ; reconnais-Le dans toutes tes voies, et IL aplanira tes sentiers. Ne sois point sage à tes propres yeux.* **Scofield.**

Proverbes 20 : 25 *C'est un piège pour l'homme de prendre à la légère un engagement sacré, et de ne réfléchir qu'après avoir fait un vœu.* **Scofield**.

Ecclésiaste 7 : 14 *Au jour du bonheur, sois heureux, et au jour du malheur, réfléchis.* **Scofield.**

Deutéronome 30 : 19 *J'en prends aujourd'hui à témoin contre vous le Ciel et la Terre : J'ai mis devant toi la vie et la mort, la bénédiction et la malédiction. Choisis la vie, afin que tu vives, toi et ta postérité.* **Scofield**.

La réflexion pour éviter, sinon contourner les pièges de l'ennemi.

Mathieu 22 : 15 *Alors les pharisiens s'éloignèrent et discutèrent entre eux pour trouver une question qu'ils pourraient poser à Jésus, afin de le prendre au piège par ses propres paroles.* **Parole Vivante**.

I Pierre 5 : 8 *Ne vous laissez pas distraire, soyez vigilants. Votre adversaire, le diable rôde autour de vous comme un lion rugissant. Il cherche quelqu'un qui se laissera dévorer.* **Parole Vivante**.

Quelqu'un qui se laissera dévorer ⟶ Quelqu'un d'irréfléchi.

LA CONNAISSANCE

La connaissance est un savoir, ou savoir-faire acquit après de longues recherches ou méditations personnelles.

Avoir de la connaissance, signifie avoir les informations nécessaires et utiles pour la résolution de divers problèmes.

Daniel 1 : 17 (a) *Dieu accorda à ces quatre jeunes gens de la science, de l'intelligence dans toutes les lettres, et de la sagesse.* **Scofield**.

Science ⟶ Connaissance

Intelligence ⟶ Compréhension

Sagesse ⟶ Cœur qui lui est soumis

Par sa science ou sa connaissance, il pouvait résoudre tout problème, quel qu'il soit. Car, sa sagesse l'amenait à être en accord avec Dieu. Son intelligence à comprendre la situation. Sa réflexion à pouvoir, cerner les informations ou la connaissance nécessaire pour résoudre le problème.

Malachie 2 : 7 *Car les lèvres du sacrificateur doivent garder la science. Et c'est à sa bouche qu'on demande la Loi. Parce qu'il est un envoyé de l'Eternel des armées.* **Scofield**.

Et, c'est cette connaissance, sous la direction de la sagesse, de l'intelligence et de la réflexion qui permet à la personne de ne pas être dévorée par l'ennemi ou détruite.

Osée 4 : 6 (a) *Mon peuple est détruit faute de connaissance.* **Louis Segond**.

Que veux-je dire par-là ?

Vous devez faire de **Josué 1 : 8** votre mode de vie selon qu'il est écrit :

Que ce livre de la loi ne s'éloigne point de ta bouche. Médite-le jour et nuit, pour agir fidèlement selon tout ce qui y est écrit ; car c'est alors que tu auras du succès dans tes entreprises, c'est alors que tu réussiras. **Scofield.**

Vous avez besoin d'une chose, passer du temps dans des méditations profondes. Méditer comme étant à la recherche d'argent. Et, le faire comme ayant trouvé, le Trésor véritable.

Proverbes 2 : 4-5 *Si tu la cherches comme l'argent, si tu la poursuis comme un trésor,*

Alors tu comprendras la crainte de l'Eternel, et tu trouveras la connaissance de Dieu. **Scofield.**

Et, la Parole est le Trésor véritable,

Mathieu 13 : 45 *Le Règne des Cieux ressemble encore à un marchand qui cherchait de belles perles. Quand il en a trouvé une de grande valeur, il s'en va vendre tout ce qu'il possède et achète cette perle précieuse.* **Parole Vivante.**

Il vous faut être versé dans les Ecritures, l'Eglise toute entière. Et tout mettre en œuvre pour acquérir, de la connaissance. Pour votre bien, à vous avant tout,

Proverbes 3 : 20 *C'est par sa science que les abîmes se sont ouverts. Et que les nuages distillent la rosée.* **Scofield.**

En d'autres termes, toutes situations compliquées soient elles, ne pourra être décanté que par la connaissance ou information que vous avez. Le Ciel vous distillera Sa rosée (bénédiction) parce que, vous aurez la connaissance ou les informations, vous permettant d'opérer dans le surnaturel.

Mais aussi, la connaissance vous rendra heureux.

Proverbes 2 : 10 *La connaissance fera les délices de ton âme.*
Scofield.

Je sais, vous avez compris, il vous faut de la connaissance. Donc, méditer d'avantage pour en acquérir. Vous êtes votre propre limite. Alors, dépasser vos limites, par des méditations continues et profondes.

Marc 9 : 23 (b) *Tout est possible à celui qui croit.* Qui croit aux informations qu'il découvre et les applique.

L'INSTRUCTION

L'instruction vise la qualité de l'enseignement que vous écoutez chaque jour. Car, de cet enseignement, va s'asseoir des valeurs morales. Mais aussi, aura pour effet, de favoriser le renouvellement d'intelligence dont, vous avez et aurez besoin, pour marcher avec Jésus. Et accomplir, votre destiné.

Proverbes 4 : 1-2 *Ecoutez, mes fils, l'instruction d'un père, et soyez attentifs, pour connaitre la sagesse ;*

Car je vous donne de bons conseils : Ne rejetez pas mon enseignement. **Scofield**.

Ephésiens 5 : 1-6 *Comme des enfants imitant leur père, vous de même, enfants bien-aimés de Dieu, suivez en tous points son exemple.*

Que votre vie soit régie par l'amour. Agissez comme le Christ, qui vous a tant aimés qu'il s'est offert en sacrifice (à Dieu) pour vous, comme une véritable offrande dont le parfum plaît à Dieu.

Quant à l'immoralité sous toutes ses formes, à l'escroquerie et aux différents vices, qu'il n'en soit même pas question entre vous. Ce ne sont pas des sujets de conversation pour des gens qui appartiennent à Dieu.

Finis les propos indécents, les histoires grivoises et les bons mots équivoques. Tout cela n'a plus sa place parmi des chrétiens. Entretenez-vous plutôt de tout ce que vous devez à Dieu et encouragez-vous à la reconnaissance et à la louange.

Car, sachez-le bien : ni vicieux, ni indécent, ni avare qui idolâtre son argent, ne saurait prétendre à un héritage dans le Royaume du Christ et de Dieu ;

Ne vous laissez pas égarer sur ce point par les arguments spécieux – si plausibles soient–ils – de ceux qui veulent s'excuser de ces péchés. Car ce sont précisément ces désordres qui attirent la colère de Dieu sur ceux qui refusent de Lui obéir. **Parole Vivante**.

Colossien 3 : 9 (b)-10 *Car vous avez déposé le vieil homme avec tous ses agissements*

Et revêtu l'homme nouveau qui ne cesse de se renouveler sur le modèle de Son Créateur, et s'achemine progressivement vers une connaissance toujours plus exacte (de Dieu). **Parole Vivante**.

Vous devriez vous assurer que, vous avez la Bonne Nouvelle pour fondement ; sinon fondation de votre vie. Car, si vous avez comme repère une personne ténébreuse, ce n'est pas encourageant pour la suite.

Car,

Ecclésiaste 10 : 13 *Le commencement des paroles de sa bouche est folie, et la fin de son discours est une méchante folie.* **Scofield**.

Luc 11 : 52 *Malheur à vous docteurs de la Loi, vous vous êtes emparés de la clé qui permet d'accéder à la connaissance (du salut). Non seulement vous n'y pénétrez pas vous-même, mais, si quelqu'un veut y entrer, vous l'en empêchez !* **Parole Vivante**.

Luc 11 : 52 *Malheur à vous, maîtres de la Loi ! Vous avez pris la clé permettant d'ouvrir la porte du savoir : vous n'entrez pas vous–même et empêchez d'entrer ceux qui le désirent.* **Bible en Français Courant**.

L'INTEGRITE

Je l'ai toujours trouvé intègre, dans ses voies. Je n'ai toujours rien eu, à reprocher à sa conduite. Il Me respecte, se soucie de ce que Je pense et adapte ses actions à ce que Je veux. En une phrase, il M'honore dans ses actions.

On peut dire qu'il devient un avec Moi. Je lui demande une chose et il accepte de la faire. Disons que les principes du Royaume sont devenus naturels en lui. Il se sent mal à l'aise au contact, avec tous ce qui ne le rapproche pas de Moi.

Sa joie vient du fait qu'il fait Ma volonté. Que Je me révèle à lui. Et qu'il réalise qui Je suis.

Et si vous voulez plus, quel que soit la saison dans laquelle il passe, ou est passé, il reste le même ; fidèle à son Seigneur. Dans l'abondance, le même. Dans la disette, le même. Dans la maladie le même. Dans le mépris, les critiques, le même. Il est comme Moi.

Hébreux 13 : 8 *Jésus-Christ est toujours Le même : hier et aujourd'hui, IL le sera éternellement.* **Parole Vivante.**

Donc, Je lui fais entièrement confiance. Car, c'est bien cela l'intégrité, il adapte ses actions à ses pensées. Et, lorsqu'il prend un engagement, il s'appliquera à tenir à ses engagements. Sa parole a de la valeur à ses yeux et, il est mal à l'aise lorsque pour une circonstance ou une autre, il ne parvient pas à l'honorer. Vous conviendrez avec Moi qu'il est intègre ?

LA JUSTICE

Psaumes 89 : 15 (a) *La justice et l'équité sont la base de Ton Trône.* **Scofield**.

Les paroles qui sortent de Ta bouche, ne sont pas des paroles de partie prit. Tu parles selon la vérité. Et ce que Tu dis, est ce qu'il faut savoir et faire devant la situation ou le cas présenté.

Marc 12 : 14 *Maître nous savons que Tu dis toujours la vérité et que Tu n'as peur de personne. Parce que Tu ne fais pas de différence entre les hommes et Tu ne Te laisses pas impressionner par leur position ou leur opinion. Tu enseignes selon la stricte vérité comment suivre la voie de Dieu.* **Parole Vivante**.

Note : *Tu ne te préoccupes, Tu ne T'inquiètes de qui que ce soit, Tu ne prends d'égards devant personne, Tu ne T'occupes pas de savoir qui T'écoute, Tu ne T'abaisses devant personne.* **Parole Vivante**.

Note : *Tu ne regardes pas à l'apparence, à la situation, au rang, à la mine des gens, Tu ne considères pas l'extérieur, Tu ne fais pas attention à l'importance que semble avoir un homme, Tu ne quêtes pas leur faveur, Tu ne te soucies pas de leur plaire, Tu ne Te laisses pas influencer par leur opinion à Ton sujet.* **Parole Vivante**.

L'HUMILITE

L'humilité est l'attitude d'un cœur simple, brisé. Qui ne cherche en rien à se faire voir. Qui sait qu'il est grand, compétent plein d'aptitude. Mais qui veut simplement ou seulement aider. Ou accomplir seulement ce qui lui a été demandé.

Jean 13 : 12-17 *Après avoir lavé les pieds. IL remit Ses vêtements et se rassit à table. Alors IL leur dit : - Avez-vous compris ce que je viens de vous faire ?*

Vous M'appelez Maître et Seigneur – et vous avez raison, car Je Le suis, en effet. Si donc, en tant que Maître et Seigneur, Je vous ai lavé les pieds, vous devez désormais, vous aussi, vous laver les pieds les uns aux autres.

Je viens de vous donner un exemple, pour qu'à votre tour vous agissiez comme J'ai agi envers vous.

Vraiment, Je vous l'assure, un serviteur n'est jamais supérieur à son maître, ni le messager plus grand que celui qui l'envoie.

Maintenez que vous savez ces choses et que vous les avez comprises, vous serez heureux à condition d'agir en conséquence. **Parole Vivante**.

L'humilité nous rend, abordable pour tout homme. Et, serviable envers tous. Elle nous évite beaucoup de problèmes, du fait de ne pas être réactif.

Mathieu 11 : 29 (b) *Je suis doux et humble de cœur.* **Scofield**.

Je n'aime pas la violence, oppressé les gens, abusé d'eux, les chercher des noises, les imposer mais idées par la force. Je libère ce que, j'ai à libéré et chacun se choisit.

Et c'est la vérité, si Dieu devait nous imposer Son point de vue, qui pourrait résister ou s'y opposer ?

Mais,

Apocalypse 3 : 20 *Me voici debout devant la porte : Je frappe. Si quelqu'un est sensible à Mon appel et s'il ouvre la porte, J'entrerai chez*

lui et Nous dînerons en tête-à-tête : Moi près de lui, et lui près de Moi.
Parole Vivante.

Récapitulatif

Voyez-vous, c'est la sagesse qui assure le bon fonctionnement des choses. En manquer, ce serait paralyser le plan du Père et la vie des frères et sœurs.

Besoin d'aide :

Pardonnez-moi, mais j'ai aussi besoin de vos prières, selon que le Saint-Esprit vous conduira à prier pour moi. Je suis confronté à beaucoup de combat d'ordre spirituel. Mais, vos prières viendront, avec la puissance du Saint-Esprit détruire les résistances. Et, me permettre d'écrire tous les livres dont-IL veut que Je mette à la disposition de Son Eglise.

Merci !

Jacques 5 : 17 (b) *La prière fervente d'un homme juste possède une singulière puissance.* **Parole Vivante**.

Bien, où en étions-nous ? Ah, oui !

Récapitulons :

La Sagesse : Etre en accord et en harmonie avec le Seigneur Jésus.

L'intelligence : Comprendre Ses voies.

La réflexion : Réfléchir, cerner la situation.

La connaissance : Ensemble des informations nécessaire à la résolution des problèmes.

L'instruction : Enseignements ou valeurs morales reçues.

Intégrité : Etre un avec sa pensée et acte. Etre le même, même dans le temps ne pas changer négativement.

La justice : Ce qui est juste et correct selon la Parole.

L'humilité : Etre effacé et discret.

JESUS CROISSAIT EN STATURE

Croître en stature ? Croitre en stature c'est se développé spirituellement. C'est voir son esprit devenir de plus en plus fort, jusqu'à trouver la force dans la communion du Saint-Esprit, pour annihiler en lui toute œuvre de la chair. Et donc, ne laisser aucune prise à l'ennemi de le dominer.

En effet, tant que l'esprit n'a pas pris le dessus sur la chair, la personne reste insoumise au Saint-Esprit. Et, tout comme l'homme passe de l'état de bébé à celui d'adulte. Ainsi, en est-il de l'esprit. Qui est également amener à croitre.

Galates 5 : 16-17 *Je dis donc : Marchez selon l'Esprit, et vous n'accomplirez pas les désirs de la chair.*

Car, la chair a des désirs contraires à ceux de l'Esprit, et l'Esprit en a de contraire à ceux de la chair ; ils sont opposés entre eux, afin que vous ne fassiez point ce que vous voudriez. **Scofield**.

Croitre en stature ? Croitre en stature, c'est voir son esprit se développer au point, de supporter tous type de pressions, tant spirituelle, émotionnelle, corporelle et de tous genre, sans jamais faillir dans la foi.

Esaïe 53 : 3-7 (a) *Méprisé et abandonné des hommes, Homme de douleur et habitué à la souffrance, semblable à celui dont on détourne le visage, nous L'avons dédaigné, nous n'avons fait de Lui aucun cas.*

Cependant, ce sont nos souffrances qu'IL a portées, c'est de nos douleurs qu'IL s'est chargé ; et nous L'avons considéré comme puni, frappé de Dieu, et humilié.

Mais, IL était blessé pour nos péchés, brisé pour nos iniquités ; le châtiment qui nous donne la paix est tombé sur Lui, et c'est par ses meurtrissures que nous sommes guéris.

Nous étions tous errant comme des brebis, chacun suivait sa propre voie ; Et l'Eternel a fait retomber sur Lui l'iniquité de nous tous.

IL a été maltraité et opprimé, et IL n'a point ouvert la bouche, semblable à un agneau qu'on mène à la boucherie, a une brebis muette devant ceux qui la tondent ; IL n'a point ouvert la bouche. **Scofield**.

I Corinthiens 4 :11 *Jusqu'à cette heure, nous souffrons la faim et la soif, nous manquons d'habits convenables. Nous sommes exposés aux coups, considérés comme des vagabonds, maltraités et errant de lieu en lieu, sans foyer, sans patrie.*

Nous nous épuisons à travailler pour gagner notre pain quotidien. On nous insulte ? Nous répliquons par des bénédictions. On nous persécute ? Nous l'endurons en silence et avec patience.

On nous accable d'injures et de calomnies ? Nous répondons par des paroles bienveillantes. On traîne notre réputation dans la boue ? Nous prions pour nos calomniateurs et nous essayons de les gagner au Christ. Jusqu'à maintenant, nous sommes considérés comme les ordures du monde et traités comme le rebut de l'univers. **Parole Vivante**.

Un esprit fort, assurera toujours de vivre dans la victoire acquise par Jésus à la croix. Et, ne pourra pas être ébranlé, par une quelconque nouvelles ou encore défait par une quelconque opposition.

I Jean 5 : 4 (a) *Parce que tout ceux qui sont nés de Dieu triomphe du monde.* **Louis Segond**.

Actes 4 : 13-19 *En constatant la joyeuse assurance et la hardiesse de Pierre et Jean, les membres du conseil furent stupéfaits, car ils savaient que c'étaient de simples laïcs qui n'avaient pas fait d'études. Ils se rendaient compte de ce que cela signifiait pour eux d'avoir été avec Jésus.*

Mais, comme ils voyaient, debout à côté d'eux, l'homme qui avait été guéri, ils ne trouvaient rien à rétorquer.

Ordre fut donné de faire sortir les accusés de la salle, pour que les membres du conseil puissent délibérer entre eux.

Qu'allons-nous faire de ces gens-là ? Disaient-ils. Car il est évident qu'ils ont accompli un miracle extraordinaire, au vu et au su de tous les habitants de Jérusalem. Inutile de songer à le nier !

Mais il ne faut pas que cela s'ébruite davantage parmi le peuple. Défendons leur donc, sous peine de sanctions, de parler désormais à qui que ce soit au Nom de Jésus.

Là-dessus, ils firent rappeler et leur interdirent formellement de parler ou d'enseigner au Nom de Jésus : Défense absolue de prononcer ce Nom-là.

Mais Pierre et Jean leur répondirent : - Jugez vous-même s'il est juste de vous obéir, à vous, plutôt qu'à Dieu ?

Pour nous, en effet, il est impossible de garder le silence sur ce que nous avons vu et entendu. **Parole Vivante**.

JESUS CROISSAIT EN GRACE

La faveur, la bienveillance et le meilleur du Père était Son partage. Tout était à Sa disposition suivant Son niveau de croissance.

Proverbes 16 : 17 *Quand l'Eternel approuve les voies d'un homme, IL dispose favorablement à son égard ses ennemis.* **Scofield**.

A son égard ⟶ Toutes choses.

Ephésiens 1 : 3 *Loué soit Dieu, le Père de notre Seigneur Jésus-Christ, qui nous a comblés par l'Esprit de toute la plénitude des dons célestes. IL a déversé d'en haut, sur nous qui vivons dans la communion avec christ, toutes les bénédictions que le Royaume des Cieux contenait.* **Parole Vivante**.

PROBLEME

L'un des véritables problèmes dans l'Eglise est celui qui oppose, l'homme spirituel et l'homme charnel.

C'est un problème qui paralyse l'Eglise entière. Et, le défi de chacun de nous étant de progressé dans notre marche dans l'esprit.

Servir Jésus est une flamme dans le cœur, de plusieurs d'entre nous, un désir qui nous consume de l'intérieur. Selon qu'il est écrit le,

Jean 2 : 17 (b) *Le zèle de Ta maison Me dévore.* **Louis Segond**.

Mais ce désir peut se heurter au fait que nous ne comprenions pas que Dieu est avant tout esprit.

Et, IL ne prendra plaisir à notre service, que dès lors où nous vivrons une vie spirituelle, qui serait loin de prendre nos cinq sens comme, les repères qui nous dictent, ou nous imposent la conduite à tenir devant chaque situation. Et que, nous marcherons à la lumière du Saint-Esprit ; en suivant Sa direction.

CONCLUSION

Psaumes 33 : ***11****Les desseins de l'Eternel subsistent à toujours, et les projets de Son cœur, de génération en génération.* **Scofield**.

Puissions, chacun de nous jouer notre partition et redorer le Nom de Jésus en poursuivant Ses desseins et en particulier celui de l'Eglise. Dans, l'attitude de cœur que Jésus attend de chacun de nous.

Car, s'il y a une génération, qui est en retard dans le calendrier de notre Père, c'est belle et bien la nôtre.

La soif de la connaissance, et le désir de s'offrir entièrement à Jésus comme un sacrifice vivant, saint et agréable, est le seul moyen de revenir au Premier amour, de l'Eglise ; celui de l'Eglise primitive.

Qu'il en soit ainsi dans nos vies !

REMERCIEMENT

Je veux rendre grâce au Seigneur Jésus, de m'avoir disposé et accordé, la force de terminer ce livre au-delà des combats spirituels dont, je vis.

Ecrire une œuvre, ou poursuivre la volonté de Jésus, suscite toujours, beaucoup d'agitation sur le plan spirituel.

Et, comme IL Me demandait de le faire au plus vite, en rachetant le temps, Je voulais Lui dire merci, de ce que ce travail ait été achevé. Mais aussi, Lui rendre aussi toute la gloire.

Daniel

SOMMAIRE

APPEL AU MINISTERE ET QUALIFICATION AU MINISTERE

L'EQUIPEMENT

Ministère d'édification

Ministère Prophétique

Ministère Evangélique.

L'Onction

La Sagesse Divine

Printed by Books on Demand GmbH, Norderstedt / Germany